参画型マネジメントで生徒指導が変わる

「スクールワイドPBS」導入ガイド 16のステップ

石黒 康夫
三田地 真実

図書文化

はじめに　この本で使われている「スクールワイドPBS」という用語の解説も含めて

　本書は，いままでの生徒指導とは180度発想をパラダイムシフトする，生徒指導の具体的な方法について解説するものです。従来の生徒指導は，どちらかといえば，児童生徒の問題行動にだけ目を向けて「〜はしないように」「〜はダメ」と教師は否定的な言葉を多用して行うことが主でした。「180度発想をパラダイムシフトする」生徒指導とは，児童生徒の「望ましい行動」に着目して，そこを伸ばしていく教師のかかわりを主軸にするということです。

　このパラダイムシフトは，アメリカで開発された「スクールワイド Positive Behavior Support（日本語訳は「ポジティブな行動支援」，以下「PBS」と略します）」の哲学に基づくものです。本書の大きな目的は，この新しい考え方に基づく生徒指導を日本で実践するための具体的な指南書の役割を果たすことです。本書は，著者の一人である石黒が，その哲学と中心的なかかわりのポイントを日本の学校現場に無理なく導入しようと試みた実践から生み出されたものです。いわば「石黒式スクールワイドPBS」とでも名づけるのがふさわしいもので，アメリカのスクールワイドPBSをそのまま翻訳したものではありません。この点については，読者の皆様にあらかじめご了承いただければと思います。

　本書の構成は次のようになっています。第1章は，「スクールワイドPBS」の哲学に基づく，生徒指導の基本的な考え方について解説します。第2章は，アメリカで開発・実践されてきているスクールワイドPBSについて概説します。第3章は，本書の心臓部にあたる，日本におけるスクールワイドPBSの導入手順について，具体的な16のステップとして解説します。第4章では，石黒が校長としてスクールワイドPBSを実践したその実践例について紹介しています。第5章は，スクールワイドPBSの背景理論である応用行動分析学の基本的な考え方について紹介します。最終章は，校長や教頭，スクールリーダーなどの立場の教師が学校で行うリーダーシップの一つの形態としての，ファシリテーションについて簡単にふれています。

　とにかくいますぐ実践したいという方は第3章から，どのような効果が見られるのかまず知りたい方は第4章を読まれることをお勧めします。理論的背景を知りたい方は，第1章をあわせて読んでいただけるとよいでしょう。それぞれが独立した章として書かれていますので，興味のある章から読み進めていただくとよいと思います。

　なお，今回本書を日本で出版するに先だって，アメリカのスクールワイドPBSの開発者の一人である，米国オレゴン大学教授のロバート・ホーナー氏に，本書のこの趣旨を説明したうえで，本書の題名に「スクールワイドPBS」を使用してよいかどうかをお尋ねしました。すると「Yes, you may use "School Wide PBS" in your title.」とご快諾い

ただきました。これによって，本書のタイトルもアメリカと同じ「スクールワイドPBS」という用語を用いることが決定されました。

　本書が皆様のポジティブな学校づくりのよきガイドとなることを祈っております。

　2015年6月

石黒　康夫

＊生活指導とよばれることもあるが，本書では文部科学省の『生徒指導提要』に準じて，「生徒指導」という用語を用いる。また小学校における児童指導も含めている。

目　次

はじめに　2

第1章　生徒指導のパラダイムシフト
日本におけるスクールワイド PBS　5つの特徴　7

1　あなたの学校でこんな場面はありませんか？──従来の生徒指導の典型例
2　従来の生徒指導とスクールワイド PBS に基づく指導の相違点

第2章　アメリカのスクールワイド PBS ──オレゴンより愛を込めて　19

1　スクールワイド PBS──学校におけるポジティブな行動支援システム
2　PBS とは何か？──その指導に対する哲学的な意味と特徴
3　現在のスクールワイド PBS ──適用範囲と応用領域

第3章　管理職が実施するスクールワイド PBS
──いまから始められるマネジメントのポイント　29

1　PDCA に準拠した四つの段階
2　四つの段階の実際の進め方

（1）準備の段階：（まず管理職が行うこと）

ステップ1　学校生活全体を包括する「スクールワイドな指導の基準」をつくる　35
ステップ2　「ポジティブな関係づくりのための認める指導」の構想をつくる　41
ステップ3　日常生活における教師のかかわり方のスタンダード　47
ステップ4　問題行動が起きたときの指導の構想を考える
（問題行動のスタンダード）　52
ステップ5　教師の指導から生徒同士の働きかけへと移行する「指導構造の変化」
についての考え方と具体例を整理する　58

(2) 合意形成の段階：（管理職と教師間で行うこと）

- **ステップ6** 管理職の方針を教師に提示する　62
- **ステップ7** 管理職と教師間での課題の共有　65
- **ステップ8** 管理職と教師間での解決像の共有　67
- **ステップ9** 解決策を教師に要請する（四つの要素の決定）　70
- **ステップ10** 「指導の基準」「認める指導」「日常のスタンダード」「問題行動のスタンダード」の四要素の決定　72

(3) 実践の段階：（児童生徒・保護者にも公開して実践）

- **ステップ11** 児童生徒を「ルール」づくりに関与させる　75
- **ステップ12** 学校全体（スクールワイド）での方策の実施　78
- **ステップ13** 実施の成果をフィードバックする　82
- **ステップ14** 仕組みのメンテナンス　86

(4) フォローアップの段階：（次校長への引き継ぎ，新年度の準備）

- **ステップ15** 次校長への引き継ぎ　89
- **ステップ16** 新年度に向けての準備　91

第4章　日本におけるスクールワイドPBSの実践事例　93

1. スクールワイドPBSを実施した学校の概要
2. 導入までの手順はどのようにしたか？
3. 「指導の基準」≒「ルール」はどのように定めたか？
4. 「ポジティブな関係づくりのための認める指導」はどのように行ったか？
5. 「ルール」を定着させるために
6. データの収集と活用について
7. 問題行動の指導
8. 現場の教師の感想

| 第5章 | 応用行動分析学の基礎——理論と実践の往還　103 |

 1 行動に着目する意味
   ——荒れている学校，落ち着いている学校ってどんな学校？
 2 「行動」に着目することで解決への具体的な手だてが見えてくる
   ——応用行動分析学の入り口
 3 応用行動分析学の基礎の基礎

| 終 章 | 教師は子どもの，そして管理職は学校のファシリテーターであれ！　120 |

終わりに　126

■コラム■　著者と生徒指導-スクールワイドPBSに出会うまで　12
■コラム■　児童生徒の問題行動はほんとうに減っているのか？　17
■コラム■　～実際の学校現場では～　マクロレベルの「認める指導」　46
■コラム■　～実際の学校現場では～　問題行動の指導方法　57
■コラム■　アメリカの大学は常にオンタイム　105
■コラム■　「発達障害があるから問題行動を起こしている」という表現の罠（わな）　110
■コラム■　自分だったら，どちらがよいか？ ほめられること？ しかられること？　119
■コラム■　参加すると成功確率が上がる　124

第1章

生徒指導のパラダイムシフト
日本におけるスクールワイドPBS
5つの特徴

あなたの学校でこんな場面はありませんか？
——従来の生徒指導の典型例

　あなたの学校では，どのような生徒指導が行われているのだろうか？　以下に示したのは，ごくごくあたりまえに見られる生徒指導の場面である。

①休み時間に廊下で……
　　男子のズボンからだらしなくシャツが出ていると……
　　「シャツ，おい，シャツ！」
　　男子はしぶしぶシャツをズボンの中に入れる。
　　教師は何も言わず立ち去る。
○これは，「できていないことを指摘するだけの指導」の典型例

②授業中に……
　　児童生徒がさわがしいと……「おい，うるさい！」
　　一瞬，教室が静かになるが……教師が説明を始めると……再びさわがしくなり，
　　「おい！　静かにしろ！　何回言ったらわかる！」
○これは，「強い語調で注意して子どもを従わせる指導」の典型例

③授業開始後……
　　ほかの教師に頼まれたことをしていて授業に遅れてきた児童生徒を……
　　「何やっている，おまえは！　サッサと席に着け！」
　　児童生徒が何か言おうとしても……
　　「チャイム着席だろうが……，減点だぞ」
○これは，「事情を確認せず頭ごなしに一方的にしかる指導」の典型例

④学級活動で……
　　「遠足の申込書を忘れた者は起立，おまえたち全員，放課後に罰当番！」
　　「忘れた者は全員黒板に名前を書くぞ。勝手に消すな」
○これは，「罰やペナルティーを科す指導」の典型例

⑤放課後，教室で……
　　「何で君は書写の道具を置いて帰るんだ？　持ち帰る約束だよね」
　　「先生，でもB組は担任の先生が置いて帰ってもいいって……」
　　「うるさい。よそはよそ，うちはうち」
○これは，「教師によって指導の方法が違う」典型例

⑥全校朝礼で……
　生徒指導の怖いA先生が体育館のステージに立ち，腕組みをしている。
　なかなか静かにならない児童生徒にA先生が「うるさい」と一喝する。
　「おまえたちは何度言ったらわかる！」としばらくお説教が続く。
　周りの教師は，何も言わずに黙って見ている。
○これは，「ある特定の教師に依存した指導」の典型例

⑦職員室での教師同士の会話……
　「○年生で何かあったらしい。でも何があったかよくわからない」
　「けがをした子どもが救急車で病院に行ったみたいだ。どうやらけんからしいが……」
　「相手の子どもは普通に授業に出ているけど……あれでいいのか？」
　「あの学年はいつもきちんと指導しない……」
　翌日になっても何の報告もない。管理職に聞いても把握していない……。
○これは，「組織として情報の伝達がうまくいっていない指導体制」の典型例

⑧職員室で教師同士の会話……
　「A先生，先生のクラスの○○君，いつも授業中に騒いでじゃますのです」
　「A先生から注意していただけませんか？」
　「先生の授業ではうるさいのですか？　わたしの授業のときは静かにしていますよ。○○君は素直でなかなかよいやつですよ」
と，まるであなたの指導が悪いというような口調である。
○これは，「個々ばらばらの生徒指導」の典型例

　このような生徒指導のやり方を，本書では「従来の生徒指導」とよんでいる。上記の個々の対応はいったいどういう根拠に基づく対応なのだろうか？　このように問いかけられて「根拠とは何か？」と思われた方，あるいは「悪い行動をしているから指導しているのだ」と思われた方は，ぜひこの後のスクールワイドPBSを読み進めていただきたい。スクールワイドPBSは，「上記のような従来の方法ではない，科学的な根拠に基づく効果的な生徒指導」について提言するものだからである。「科学的な根拠」とは何か？　それは「行動の原理」に基づく対応ということである。加えてスクールワイドPBSでは問題行動にのみ着目するだけではなく，適切な行動にこそ目を向けるという指導のパラダイムシフトを提示する。
　次節からは，従来の生徒指導とスクールワイドPBSの考えに基づく指導の何が異なるのか，その特徴について一つずつ解説していく。

1章 2 従来の生徒指導とスクールワイドPBSに基づく指導の相違点

◆**特徴1：児童生徒の不適切な行動だけに注目せず，適切な行動にも注目すること**

まず，図1-1を見てほしい。これは，一日24時間の間，児童生徒がどのような行動を起こしているかを模式的に示したものである。24時間のうち3分の1くらいは睡眠時間に割かれるので，その他の時間に何をしているかが肝要である。黒塗りの箇所は問題行動を示し，白いところは適切な行動をとっている割合を示している。どのような児童生徒でも，24時間連続で問題行動をしているわけではない。適切な行動をしているときももちろんあるはずだ。しかし，教師を含めた周囲の大人はどうしても，子どものダメなところやできていないところに目がいってしまう。たとえ，その児童生徒の行動の99％が適切な行動でも1％の不適切な行動があると，教師は99％の適切な行動には何も働きかけをせずに，1％の不適切な行動ばかりを注意してしまいがちである。教師は児童生徒がその場に適切な行動をしても，それは「できてあたりまえな行動」だとして何の働きかけもしないのが常である。児童生徒の行動が授業の進行を妨げたり，学級の秩序を乱したりするものであれば，教師は注意せざるをえない。児童生徒にすれば，いつも自分は怒られてばかりと不満に思うかもしれない。特に行動やコミュニケーションに課題のある児童生徒は，教師に注意される頻度が多くなりやすい。そうした児童生徒はしだいに大人や教師に対して反抗的になるかもしれないし，そうなると教師の指導はさらに強いものになっていくだろう。

スクールワイドPBSの基本的な考えに基づく指導では，児童生徒の問題行動にのみ目を向けるのではなく，その場面に適切な行動・望ましい行動・期待される行動・あるいはできていること（言い方はさまざまあるが……）にこそ目を向ける。「いや，うちの生徒

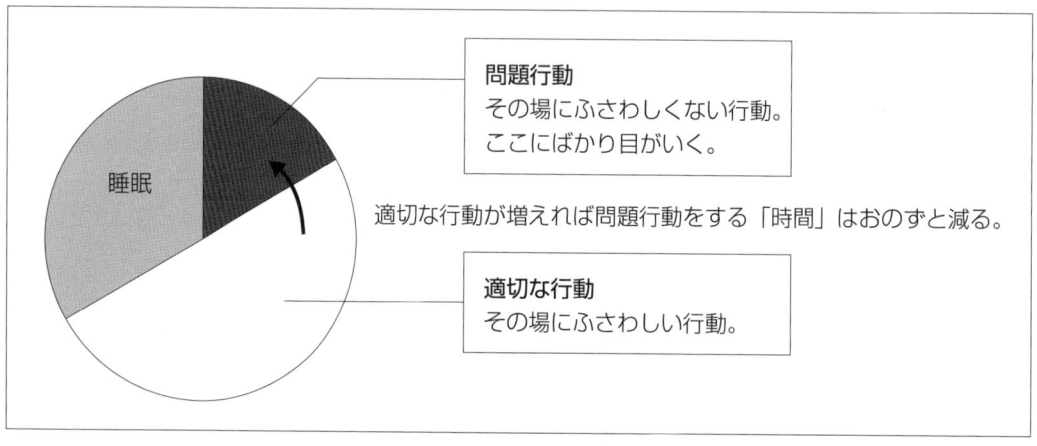

図1-1 問題行動を減らすという問題行動着目型から，適切行動を増やして問題を解決するという適応行動着目型へ

に適切な行動なんてまったくない」と思う方もいるかもしれない。適切な行動とは，すばらしい行動でなくてもよいのである。その場面に適切であるごく普通の行動ができていれば，そのできているところに目を向けようということなのである。

この方法は，問題だけに着目する「問題行動着目型」から，適切な行動に着目することで具体的な解決の方策にまでたどり着くことをめざす「適応行動着目型」への転換といえるものである。

さらに，児童生徒がその場面に適切な行動をとれていなければ，その場面に適切な行動を教えて，その行動が続くようにするのである。スクールワイドPBSでは応用行動分析学の考え方をもとにしている。第5章で詳しく説明するが，応用行動分析学では，人がある行動をしない理由は，（ア）やり方を知らない，（イ）その行動を続けられるような働きかけがない，という二つだけであると考えている。したがって，児童生徒に適切な行動のやり方を教え，それが続くような働きかけをすれば，適切な行動が増えるのである。人間がある場面でできる行動は一つしかない。児童生徒がある場面で，その場面にふさわしい行動ができないために，結果として問題行動となるのである。逆にいえば，その場面で児童生徒が適切な行動をとれれば，結果として問題行動は減っていくのである。つまり，問題行動を減らすという考え方から，望ましい行動・適切な行動を増やすという考え方（問題行動着目型から適応行動着目型）に発想を転換するのである。

望ましい行動を増加させる働きかけは，何も特別なことではない。簡単にいえば，児童生徒の望ましい行動に，ほめる・認めるなどのプラスのフィードバックを与えるのである。こうした働きかけは，児童生徒と教師の関係をよくしていく。教師も児童生徒を厳しく注意するよりもずっとやりやすい。また，これも第5章で詳しく解説するが，厳しく叱責するような指導ばかりを続けていると，その教師のいうことは聞いてもほかの教師の指導に従わないということが起きてくる。また，マイナスの声かけばかりを受けていると，児童生徒の行動は少なくなり消極的になってくる。ここで，誤解なきように再度明示しておくが，本書は，注意すること自体を否定しているのではない。児童生徒を注意するときに感情的になって声を荒げる必要はない。毅然とした態度で，ダメなことはダメであると，静かに伝えればよいのである。さらにいえば，静かに注意しても指導としての効果が出るような，児童生徒との関係をつくることが重要である。そのためにも適切な行動にあえて着目して，そのような行動が増える働きかけを積極的に行うということを生徒指導の根幹に据える。

◆特徴2：個々の教師による児童生徒指導（生活指導）から学校組織マネジメントへ

児童生徒の問題行動に焦点を当てるのではなく，児童生徒のよさやできているところを伸ばしていくスクールワイドPBSに基づく生徒指導を実践するためには，指導体制を個々の教師任せの指導から組織での指導へと転換する必要がある。つまり学校組織として

> **コラム　著者と生徒指導―スクールワイド PBS に出会うまで**
>
> 　著者（石黒）は初任者時代から現在にいたるまで，いわゆる生徒指導が困難で秩序が乱れた学校に多く勤務してきました。第1節にあげた例は，著者がいままでの教員生活のなかで実際に見たり聞いたりしたことです。著者の初任者時代は，昭和50年代後半で学校が荒れたといわれた時代でした。昭和50年代後半は，校内暴力といわれる，対生徒暴力，対教師暴力が多発しました。校舎の中をバイクで走ったり，職員室の中で鉄パイプを持って暴れたりなど，まるでドラマの一場面のようなことが実際に起こっていたのです。学校間での生徒同士のトラブルも多く，公立高校の入試の日は各会場を教師がパトロールしたものです。そうしたなか，多くの学校が落ち着いた学校にするための努力を重ねてきました。
> 　学校の荒れという大きな教訓があり，現在にいたるまでの間で多くの教師が熱心に教育相談やさまざまな指導方法を研究し，実践してきています。にもかかわらず，前述のような昔と変わらない生徒指導を行っている教師がいまでも存在しているのもまた事実です。著者自身さまざまな工夫をしてきましたが，スクールワイド PBS に出会うまでは昔ながらの方法を払拭するのはむずかしいことでした。残念なことに，昔から現在にいたるまで，生徒指導の仕方はあまり変わっていないのです。

生徒指導に取り組むことが必要である。こうした取組みは，教師個人だけで実施することはむずかしい。なぜ個々の教師ではむずかしいのであろうか？　これについては，「どのような児童生徒の行動」に対して，「どのように指導（対応）するのか」という二点から整理して考えていく。

　第一に，児童生徒の望ましい行動，あるいはその場にふさわしい行動という場合，「何をもって望ましい行動とするのか」という基準を統一することの必要性という点についてである。単に「望ましい行動」といっても場所や場面によって，あるいはだれにとって望ましいのかと考えていくと，個々の教師で考えが異なる可能性がある。例えば，授業中に教師が説明をしているときに，児童生徒はどのように行動するのが児童生徒本人・周囲の児童生徒・教師にとって望ましい行動なのかということなどについて，全教師が共通の認識をもっている必要がある。「そんなとき，どのような行動が望ましい行動なのかなど，教師ならば同じだろう」と思われる方は一度，この点について身近な教師同士で話をしてみてほしい。どれだけ望ましい行動（あるいは問題行動）についての基準が違うかということに気づくであろう。

　「望ましい行動」に対して，全教職員の間で共通の認識がなければ，学校全体として児童生徒の「望ましい行動」を促進する指導は行いづらくなるであろう。また，「望ましい行動」については，実は児童生徒自身にも「何をすれば適切なのか」という具体的な行動

への理解がなければ指導が成立しない。どのような行動を「望ましい行動」として実行すればよいのかをきちんと理解する児童生徒に育てることが学校としての目標となる。つまり，管理職と全教師が一体となって，指導の根幹となる「わが校における望ましい行動」について話し合い，つくり上げていく必要がある。これらは，第3章で「指導の基準」・「認める指導」・「日常のスタンダード」・「問題行動のスタンダード」として説明する。

　第二に，指導の手続きを全校で統一することで手続きのダブル・スタンダード化を起こさせないという点である。指導手続きのダブル・スタンダード化とは，児童生徒が同じ行動をしていても，教師によって指導の方法や程度が異なっていること，あるいは，問題行動を起こした児童生徒によって指導の方法や程度が異なることである。通常校と困難校を比較すると，困難校ほど指導のダブル・スタンダード化が起きていると研究でも示されている（加藤・大久保，2004）。児童生徒側からみれば，先生によって言うことが違うということである。指導のダブル・スタンダード化が起きることで，児童生徒・保護者の学校に対する不公平感や不信感を招くことになる。児童生徒の「望ましい行動」を増加させようとするとき，全教師が児童生徒の行動について全校で統一されたスタンダードに基づいて同じ判断をし，児童生徒のある行動について同じように指導することが重要であることは前に述べたとおりである。こうすることで，児童生徒や保護者からの信頼を得ていくということである。

　以上のことを包括していえば，生徒指導には，学校全体としての「一貫性」が必要だということである。すなわち，「どのような行動に対して」（行動の定義），「どのように指導（対応）するのか」という点を全教職員で首尾一貫させておくということにほかならない。

　逆に，生徒指導を行う際に個々の教師や学級，あるいは学年によって異なる指導を行うとどうであろう。まさに，前述の指導のダブル・スタンダード化である。同じ学年に双子

の兄弟姉妹がいたり，学年は違うがやはり兄弟姉妹がいる場合，学級や学年によって指導の判断基準が異なっていたり，指導の程度が異なっていたりすれば，児童生徒が不満をもつこともそうだが，保護者にも不信を抱かせることになる。児童生徒がある行動をした場合，どの教師，どの学級，どの学年で指導しても学校として一貫した指導を行うことが必要である。一貫性のある指導を行うことで，児童生徒はもとより保護者からも信頼を得ることができる。

　前者の「望ましい行動」を明確にすることと，後者の指導のダブル・スタンダード化を起こさないことは，表裏一体である。「望ましい行動」が明確になっていないからダブル・スタンダード化が起きる。以上の理由から，生徒指導（生活指導）は個人が行う指導にとどまらず，学校が組織として行うことなのである。したがって，学校としてどのような生徒指導を実現するかは，組織マネジメントでもあるといえる。

◆特徴３：個別支援から環境調整へ

　指導のダブル・スタンダード化は，別の原因からも起きることがある。それは個の教育ニーズに応じた指導である。最近では，学びにくさがある児童生徒や，他者とのコミュニケーションがうまくできないなど発達に課題のある児童生徒が通常学級に在籍している場合がある。そうした児童生徒が自分の担任している学級に在籍している場合，当然のことながら教師は，その児童生徒に応じた指導を行う。しかし，ほかの児童生徒や保護者から見ると，それがときに不公平な指導と映ることがある。教師が，その児童生徒に発達障害があるため配慮が必要なのだということを，ほかの児童生徒や保護者に説明することができればよいかもしれない。しかし，発達障害のある児童生徒の保護者は，発達障害のあることをほかの児童生徒に知らせることを望まないケースが少なくない。このような場合，同じ行動をしていても特定の児童生徒に対する指導方法や指導内容が異なり，ほかの児童生徒やその保護者から「なぜ，あの子だけ許されるのか？」などと不満の声が出ることがある。教師が善意で行っている配慮した指導が，結果的にダブル・スタンダードをつくるのである。そして，児童生徒や保護者の教師や学校に対する不満や不信感が増し，学校が荒れていく原因の一つとなることもある。

　このようなことを防止するうえでも，学校として一貫性のある生徒指導を実施することは重要である。また，児童生徒の「望ましい行動」を増加させる指導を行い，落ち着いて安定した学校づくりをすることは，学習やコミュニケーションに課題のある児童生徒を支援するうえでも有効である。

◆特徴４：問題行動だけに対応する指導から関係づくりの指導へ

　本書では，児童生徒の「望ましい行動」を増加させるために，応用行動分析学の考えを用いている。詳しくは第５章で解説するが，児童生徒の「望ましい行動」をほめたり認めたりすることで増加させようとするのである。これは，スクールワイドPBSの根幹であ

り重要なことである。児童生徒の「望ましい行動」をほめたり認めたりすることの積み重ねが大切なのである。しかし，ほめたり認めたりするのは，その場でのことである。何かがあったときだけ児童生徒にかかわるのではなく，何もないときにも教師が積極的に児童生徒にかかわり，児童生徒のよさやできていることを見つけようとする姿勢が大切であると考える。このような教師の姿勢は，児童生徒との信頼関係をつくることにつながる。また，児童生徒同士でも互いに認め合い助け合える関係をつくることが大切である。児童生徒の存在やそのよさを認めるために，何も起きていないときにこそ手間をかけて，児童生徒同士が互いに認め合う体験的な活動を取り入れることが大切である。

　教師が，その場，その場で児童生徒の行動をほめたり認めたりすることの積み重ねは，児童生徒の自己肯定感を高め，教師と児童生徒の信頼関係づくりにつながる。さらに，児童生徒同士が互いに認め合う活動や，教師が児童生徒を理解し，そのよさを認める活動を年間通して計画的に取り入れることは，教師と児童生徒の信頼関係をよりいっそう深め，落ち着いて安定した学校づくりにつながる。スクールワイドPBSでは，児童生徒の「望ましい行動」を増加させるという日々の取組みと並行して，児童生徒同士や児童生徒と教師の信頼関係づくりを「認める指導」として行う。

　以上のような指導は，問題行動に対して場当たり的に行う指導とはまったく方法論が異なってくるのである。

◆特徴5：対処から予防へ

　これまでの生徒指導をあらためて見返してみると，児童生徒の問題行動が起きてそれを解決するというやり方であり，これはつまり何かが起きるとそれを現状復帰させる発想である。

　しかし，学校が荒れている場合，次々に事件が起こり，教師の指導が追いつかなくなることがある。例えば，児童生徒同士のトラブルがあった場合，それを十分に指導できていない間に別のいじめなどの事件が起こる。図1-2はこのイメージを示している。後の事件のほうが大きい事件だと，前の指導があいまいになってしまうことすらある。そうして

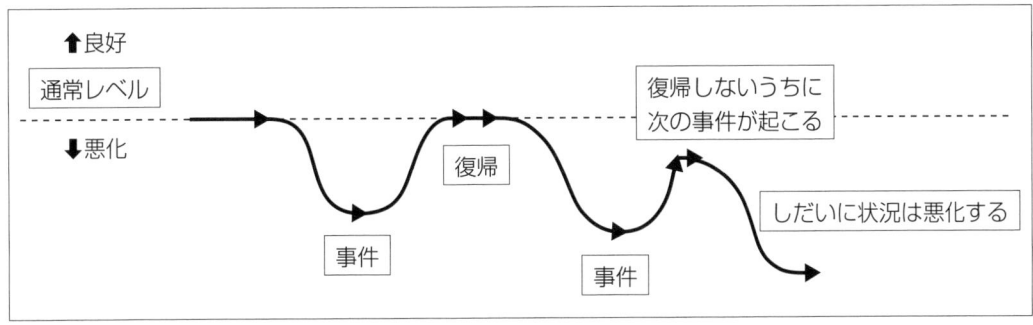

図1-2 問題行動に焦点を当てた生徒指導の場合（しだいに後手後手に回るようになる）

いる間に、教師は疲れ果てて動きも悪くなる。これでは悪循環である。こうした悪循環を断ち切り、落ち着いて安定した学校づくりをするためには、問題が起きてから対処するという対症療法的な発想から、何もトラブルが起きていないときにこそ働きかけ、児童生徒の心を育てる予防的・発達促進的な発想に転換することが大切である。図1-3は、本書が提案する生徒指導についてイメージを示したもので、これは、児童生徒の問題行動を減らし学校の秩序を回復するだけではなく、児童生徒同士や児童生徒と教師の関係をよりよくするとともに、落ち着いて安定したうるおいのある学校づくりを行うものである。そして、このような学校環境を保障することは、学校の本来の役割である学業に専念する場を提供することにほかならない。

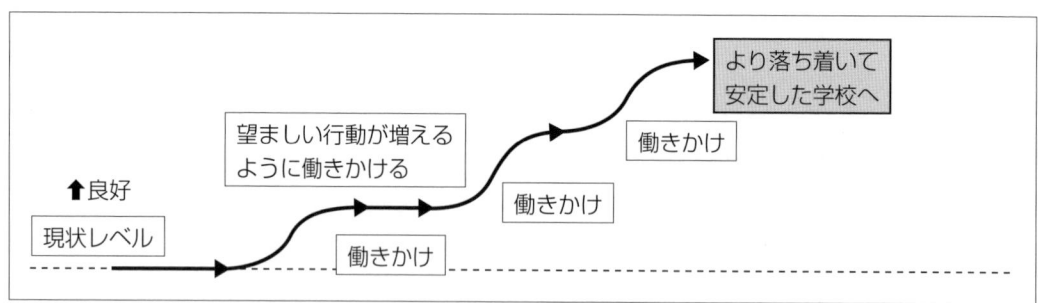

図1-3 望ましい行動に焦点を当てた生徒指導の場合（問題行動を予防し発達を促す）

　以上、従来の生徒指導とスクールワイドPBSに基づく生徒指導の5つの特徴について述べてきた。

発想を転換した生徒指導　五つのポイント

（a）児童生徒の不適切な行動だけに注目せずに、適切な行動に注目すること
（b）個々の教師による児童生徒指導（生活指導）から学校組織マネジメントへ
（c）個別支援から環境調整へ
（d）問題行動だけに対応する指導から関係づくりの指導へ
（e）対処から予防へ

　本書において提案するスクールワイドPBSは、これら（a）〜（e）を具現化する生徒指導の方法であり、落ち着いて安定した学校づくりのためのツールである。具体的なスクールワイドPBSの進め方は第3章のステップで述べていく。

コラム 児童生徒の問題行動はほんとうに減っているのか？

　前述したように，昭和50年代後半は学校が荒れた時代です。学校はその時代からどれくらい変わったのでしょうか。図1-4をご覧ください。昭和58年から平成25年までの間に学校内で起きている暴力行為の発生数の推移を表しています。

　途中から私立学校も集計に入れるなど調査方法が多少変わってきていますが，驚くことに昭和58年から平成25年まで，学校内での暴力行為は減ってはいないのです。近年では，

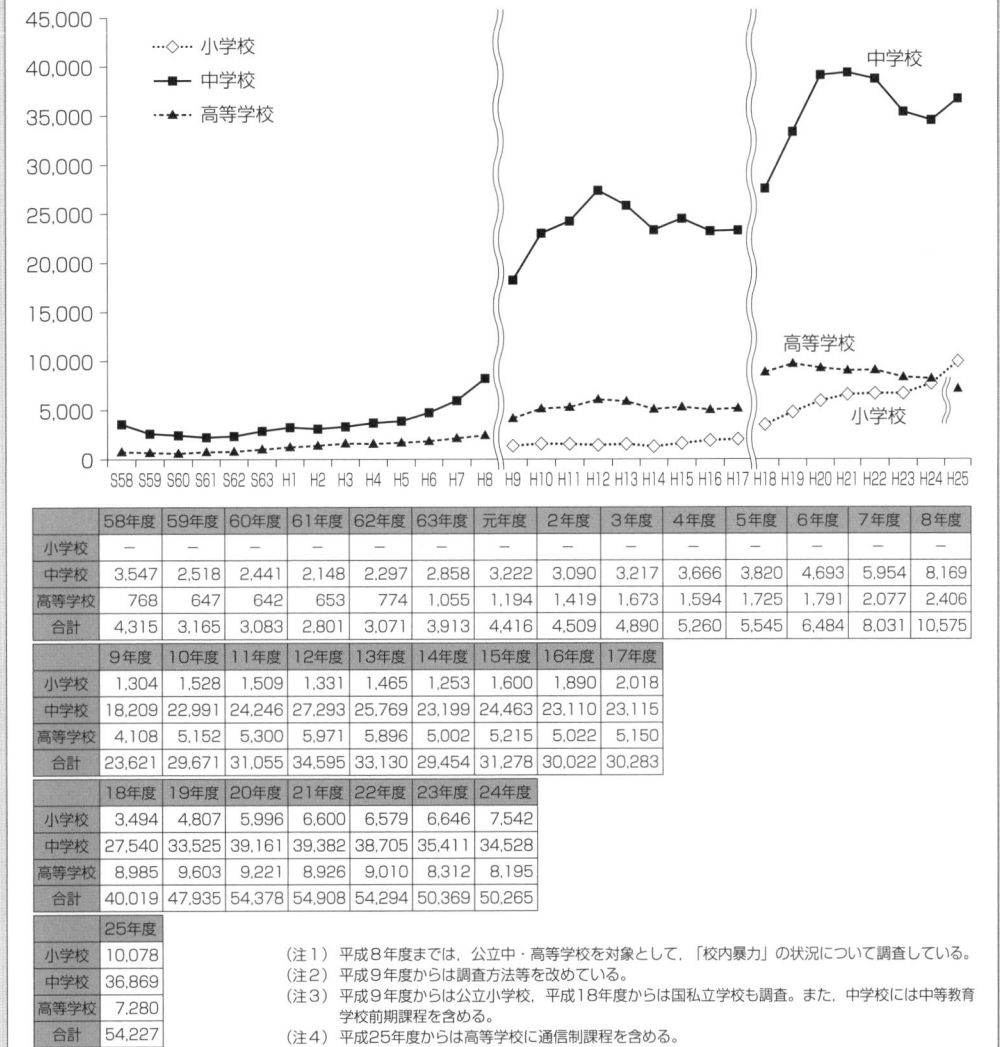

	58年度	59年度	60年度	61年度	62年度	63年度	元年度	2年度	3年度	4年度	5年度	6年度	7年度	8年度
小学校	—	—	—	—	—	—	—	—	—	—	—	—	—	—
中学校	3,547	2,518	2,441	2,148	2,297	2,858	3,222	3,090	3,217	3,666	3,820	4,693	5,954	8,169
高等学校	768	647	642	653	774	1,055	1,194	1,419	1,673	1,594	1,725	1,791	2,077	2,406
合計	4,315	3,165	3,083	2,801	3,071	3,913	4,416	4,509	4,890	5,260	5,545	6,484	8,031	10,575

	9年度	10年度	11年度	12年度	13年度	14年度	15年度	16年度	17年度
小学校	1,304	1,528	1,509	1,331	1,465	1,253	1,600	1,890	2,018
中学校	18,209	22,991	24,246	27,293	25,769	23,199	24,463	23,110	23,115
高等学校	4,108	5,152	5,300	5,971	5,896	5,002	5,215	5,022	5,150
合計	23,621	29,671	31,055	34,595	33,130	29,454	31,278	30,022	30,283

	18年度	19年度	20年度	21年度	22年度	23年度	24年度
小学校	3,494	4,807	5,996	6,600	6,579	6,646	7,542
中学校	27,540	33,525	39,161	39,382	38,705	35,411	34,528
高等学校	8,985	9,603	9,221	8,926	9,010	8,312	8,195
合計	40,019	47,935	54,378	54,908	54,294	50,369	50,265

	25年度
小学校	10,078
中学校	36,869
高等学校	7,280
合計	54,227

（注1）平成8年度までは，公立中・高等学校を対象として，「校内暴力」の状況について調査している。
（注2）平成9年度からは調査方法等を改めている。
（注3）平成9年度からは公立小学校，平成18年度からは国私立学校も調査。また，中学校には中等教育学校前期課程を含める。
（注4）平成25年度からは高等学校に通信制課程を含める。

図1-4　問題行動調査　学校内における暴力行為発生件数
（文部科学省「児童生徒の問題行動等生徒指導上の諸問題に関する調査」平成25年度の暴力行為12月訂正値より）

> 少子化で児童生徒の数は減っているはずです。それにもかかわらず児童生徒の暴力行為は増加しています。原因はさまざまで，ひとことで述べることはむずかしいと考えます。
>
> 　現在にいたるまでの間，多くの学校が児童生徒の問題行動を減らし，落ち着いた学校づくりを行ったはずです。しかし，そうした学校の実践は一般化されておらず，現在でも秩序が乱れた学校では，学校を立て直すためにゼロから試行錯誤を行わなければならないのです。
>
> 　なぜ，昔ながらの生徒指導が行われているのでしょうか。教師は，初任者とはいえ，着任したそのときから教師としての行動を求められます。初任であろうとベテランであろうと，児童生徒や保護者からすれば同じ教師であり，同等の指導が求められるのです。しかし，着任早々に以前からいる教師のように児童生徒と信頼関係をつくって指導することはむずかしいでしょう。
>
> 　初任者は，適切な生徒指導の方法を学んで身につけていればよいのですが，そうした機会に恵まれないと，自分が子どものときに接した教師の指導方法や先輩教師が行っている即効性のある指導方法を模倣するのでしょう。結果的に昔ながらの指導方法が引き継がれていくのだろうと推測します。
>
> 　本書は，さきに示したような昔と変わらない生徒指導ではなく，科学的に裏づけされた組織的な新しい生徒指導を提案するものです。

【文献】

加藤弘通・大久保智生（2004）．反学校的な生徒文化の形成に及ぼす教師の影響：学校の荒れと生徒文化の関係についての実証研究　季刊　社会安全，52，44-57．

第2章

アメリカのスクールワイド PBS
──オレゴンより愛を込めて

本章では，今回のスクールワイドPBSの考え方のもととなっている，アメリカにおけるスクールワイドPBS，およびその哲学的基礎となるPBSの成り立ちとその概要について簡単に解説する。1980年代後半に始まったとされるスクールワイドPBSは，2015年春現在ではアメリカ国内のみならず，オーストラリア，カナダ，ノルウェーといったアメリカ国外にも広まっており，2015年5月現在，スクールワイドPBSのデータベースシステムを使っている学校は25,000校を超えている。アメリカのスクールワイドPBSそのものについて，さらに深く知りたい方はぜひ，本章の最後で紹介している文献や関連するホームページにアクセスされたい。

スクールワイドPBS
——学校におけるポジティブな行動支援システム

(1) スクールワイドPBSの始まり——全児童生徒を対象としたユニバーサルな介入

　スクールワイドPBSの始まりは，1980年代後半から1990年代初頭にかけて，アメリカのオレゴン大学のホーナー博士やスガイ博士（現コネチカット大学）らのグループによる学校システムへのアプローチに見ることができる。2003年にアメリカで出版された，現在でいうところの「スクールワイドPBS」について解説された書籍の原題は"*Building Positive Behavior Support Systems in Schools : Functional Behavioral Assessment*"であり，直訳すると「学校におけるポジティブな行動支援システムの構築―機能的行動アセスメント―」となる。まだこの時点では「スクールワイド」という言葉は用いられていなかったことがうかがえる。

＊本書は，日本で2013年に翻訳出版されたが，そのときには邦題として『スクールワイドPBS』としている。

　しかし，本書の中ではすでに「学校全体の行動支援ピラミッド」として，1996年の論文を引用しながら図2-1が紹介されており，このポジティブな行動支援システムで対象としているのが，一部の「問題行動を起こしている児童生徒」だけではなく，「全校児童生徒」であることが明確に視覚化されている。この考え方の基本には，学校全体をシステムとして見直し，まずシステム上の問題によって大多数の児童生徒が問題行動を起こさないように支援・介入していこうとする「システム論」がある。いまでこそ日本においても「ユニバーサルデザイン」という言葉が教育関係者のなかでごく普通に用いられるようになってきており，関連書籍も多数出版されているが，この図の中では，全校の児童生徒を対象としてシステムを見直し「ユニバーサルな学級・学校規模の介入」を行うことが明示されている。つまり，学校全体の児童生徒が落ち着いて行動できるようにするためには，学校をシステムとしてとらえ直したユニバーサルな介入が必要だということが，すでに

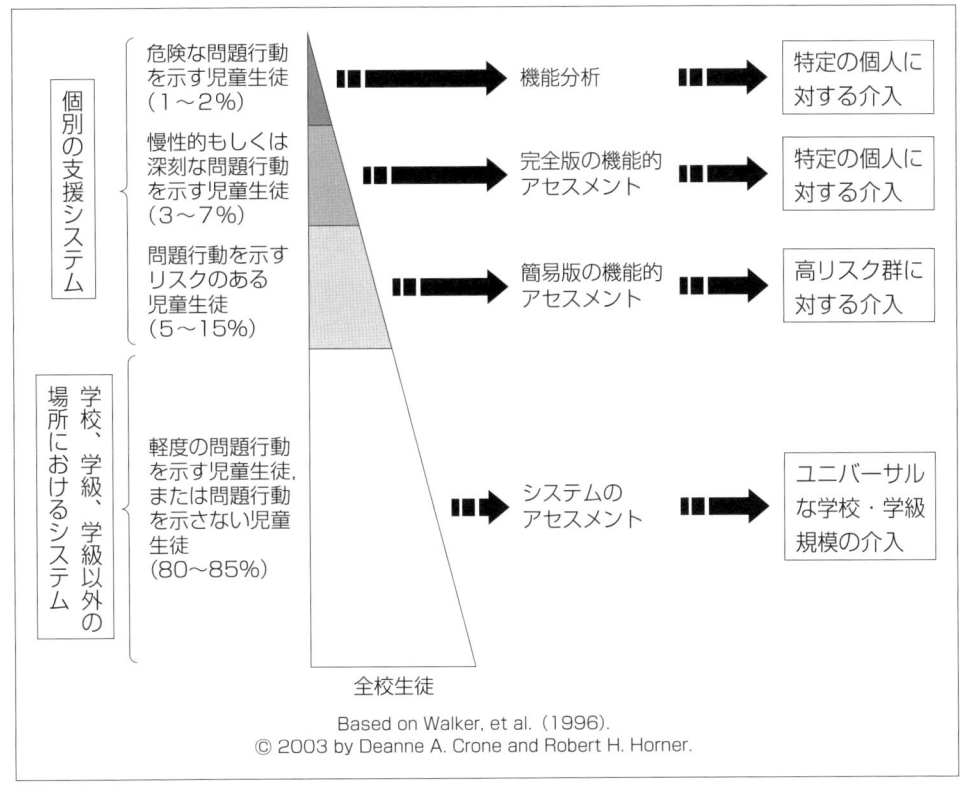

図2-1 効果的な行動アセスメントと行動支援の連続性を示す図
出典：クローン，D. A.・ホーナー，R. H.（2013）『スクールワイド PBS——学校全体で取り組むポジティブな行動支援』（野呂文行・大久保賢一・佐藤美幸・三田地真実訳）二瓶社．

1990年代にアメリカのオレゴン大学を中心とした研究者によって提唱されていたのである。

さらに，図中でその一つ上の層（第2層）には英語では"At-Risk Students"，つまり「まだはっきりとした問題行動を起こしてはいないが，問題行動を起こす可能性の高い」，言いかえれば「リスクのある」児童生徒が位置し，このグループに対しては小集団での指導が奨励されている。次の第3層と一番上の第4層は深刻な問題行動を現在示している一群を示し，このグループに対しては個別の集中的な介入が必要となる。

繰り返しになるが，スクールワイド PBS の全体像をとらえる際に重要なポイントは，「一部の問題を起こしている児童生徒だけ」を指導のターゲットとするのではなく，「全児童生徒」をターゲットとして，どのような学校文化を構築していくかというところなのである。なお，2000年代には上記のような4層であった行動支援ピラミッドの図は，現在は一番上の2層を1層にした形で3層モデルとして整理され，さらに学業面と関連した形で提示されている（これについては，後述する）。

本書のスクールワイド PBS は，全児童生徒である第1層をターゲットとして学校システムを構築する具体的なステップと位置づけられる。

(2) 第一層（全校児童生徒対象）へのユニバーサルな指導の軸：学校全体のルール

　全校児童生徒対象とした指導の大きな軸となるのは，学校全体で共有化された行動の規範となるルールを設定しておくことである。代表的なものとしては，「Be respectful」，「Be responsible」，「Be safe」の3つがあり，写真はその実際の例である。大きなルールとしては前述の3つがあげられているが，学校の場所（例：運動場，トイレなど）によって具体的な行動の規範が定められており，このようなプレートが学校の至るところに掲示されているのである。先生は当然のこと，生徒も自分の学校のルールが何であるかを即答できるように指導されている。このルールは各学校で特徴に応じて決めればよいもので，例えば，Taylor-Greeneら（1997）では，「High Five」として前述した3つに加えて，「Be there be ready」「Follow directions」を加えて5つの約束となっている。いずれにせよ，このような学校全体のルールを設定することが指導の軸となる。

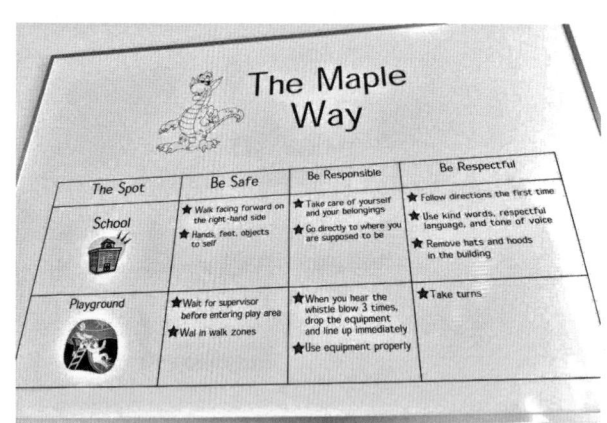

(3) スクールワイド PBS の最新の定義

　前述した2003年出版の書籍では，おもに深刻な問題行動を示している一群の児童生徒に対する応用行動分析学の原理に基づく機能的アセスメントの手法などが紹介されるとともに，校内での支援体制をどのように構築するかについてのノウハウが解説されていた。それから8年後の2011年には，774ページにわたる PBS 全体を包括するハンドブック"*Handbook of Positive Behavior Support*"が出版され，全4部構成の中の第3部が"School-Wide PBS"にあてられ，ここには13のトピックの章が含まれている。このハンドブックに記載されているスクールワイド PBS の定義は以下のとおりである。

　　スクールワイド PBS は，社会的な文化と個別化された行動支援を構築するためのシステム的なアプローチである。このような文化と行動支援は，学校をすべての児童生徒にとって安全で効果的な学習環境にするために必要なものである。（Sailor, Dunlap, Sugai, & Horner, 2011, p. 309）　※訳出著者

　当初，問題行動に対処するためという意味合いが強い形で始まったスクールワイド PBS は，年月を経るうちに学業面を促進するためのシステムとして変容していったとみられる。その理由の一つには，学校のそもそもの存在意義である「学業面に効果があってこそ認められるアプローチである」という意味合いもあろう。

重要な点は，2000年代と同じように，スクールワイドPBSは単なる指導方法や指導プログラムを指すのではなく，「システム全体に対するアプローチ」であるというところがその大きな特徴なのである。具体的な特徴は以下の六つに集約される。

（a）測定可能な個人の行動（学業面，かつ社会的行動の両方）を指標とすること
（b）さらなる問題行動を生み出したり，いまある問題行動を引き起こしたりすることを予防するための「連続的な行動支援のシステム（階層システム）」
（c）児童生徒に社会的な行動を直接教えることで，学校環境全体における社会性を高め，学業面も向上させること
（d）エビデンス・ベース，つまり研究に基づく行動的な介入を行うこと（意思決定のシステム）
（e）現場での実践の正確性・耐久性（永続性）を高めるためにデザインされたシステム
（f）意思決定のためのデータを集めて活用すること（Sailor et al., 2011, pp. 309-310）
　　※訳出著者

以上の特徴のうち，日本の現場に置きかえたときに，おそらくスクールワイドPBSをそのまま受け入れがたい点として，エビデンス・ベースのアプローチ，児童生徒の何らかの行動をデータとして集約するというところがあげられるのではないかと推測している。このデータを取り扱うという点については，PBS全体に共通するところであるので，次節で取り上げて解説する。

PBSとは何か？
── その指導に対する哲学的な意味と特徴

(1)「ポジティブ（positive）」の意味するところ

　それでは，スクールワイドPBSの「PBS」とは指導を行ううえでどういう意味を含蓄しているのだろうか。本節ではこの「PBS」の考え方の基本について，簡単に解説する。原語は"Positive Behavior Support"である。「ポジティブな行動支援」と現在は訳しているが，単なる児童生徒の「行動支援」ではなく，あえて「ポジティブな」という用語がつけられていることには実は深い歴史的な意味もある。

＊日本では，この"positive"にはいくつかの訳語がついているが，現在のところ著者は「ポジティブな」とそのままカタカナ読みをすることを奨励している。

　PBSの設立メンバーの一人である，オレゴン大学のロバート・ホーナー氏はこのポジティブの意味するところとして，大きく次の二つをあげている。

①行動支援は常にその児童生徒がすでによくできることからスタートするべきである。児童生徒がうまくできている（ポジティブに行動できている）ことから始めて，そのポジティブな行動を，問題行動を減らすための要として拡張していくことである。

②行動支援は，ポジティブな行動を引き出す先行事象（文脈）を確立することによって問題行動を防ごうとする，予防的な特徴をもっているべきである。このポイントは，刺激性制御にもっと焦点を当て，またポジティブな（訳註：ポジティブな行動を引き出すような）刺激文脈をつくることである。

（Crone & Horner, 2003, p. vii）　※訳出著者

　要約すると，①児童生徒のできている面に目を向けようとする点，②問題行動が起きてから対処するのではなく，問題行動が起きないように予防的な側面にもっと目を向けるべきであるという点が，「ポジティブな」に込められた指導上の哲学ともいえるべき重要な意味なのである。

　それはなぜかといえば，PBSが究極的にめざしていることは，そのサービスを受けている人々の生活の質（QOL：The Quality of Life）が向上することだからである（Sailor et al., 2011, p. 13）。

　本書で紹介しているスクールワイドPBSにおいても，このPBSの根幹にあたる二つの哲学的な意味が十分引き継がれている。児童生徒のよい行動を増やそうとする働きかけ，そして，問題行動を起こしてから対応するいわば後手，後手の生徒指導ではなく，日常的に教師が児童生徒を，さらには児童生徒同士がお互いを認め合う活動，具体的には認め合う行動を推奨しており，すなわちポジティブな行動を増やす試みが積極的にステップのなかに組み込まれている。

(2) PBSのPBSたるところ
──エビデンス・ベースの意思決定によるアプローチ

　前節のスクールワイドPBSの六つの特徴にもあげられていたように，スクールワイドPBSに限らず，PBSはエビデンス・ベースのアプローチである。これは，心理学の一分野である応用行動分析学（Applied Behavior Analysis，以下ABA）を理論背景としているからである。ABAの概要については第5章に譲るが，行動の原理，つまり「なぜ，人はそのようにふるまうのか」という問いに対する答えを科学的に見いだしてきたこの学問分野は，人間の行動を測定可能なものとして取り扱い，それによってある行動が増えたか減ったかというデータで示すことに成功しているのである。

　例えば，図2-2は，ある学校における問題行動が起きた場所をデータで示したもので

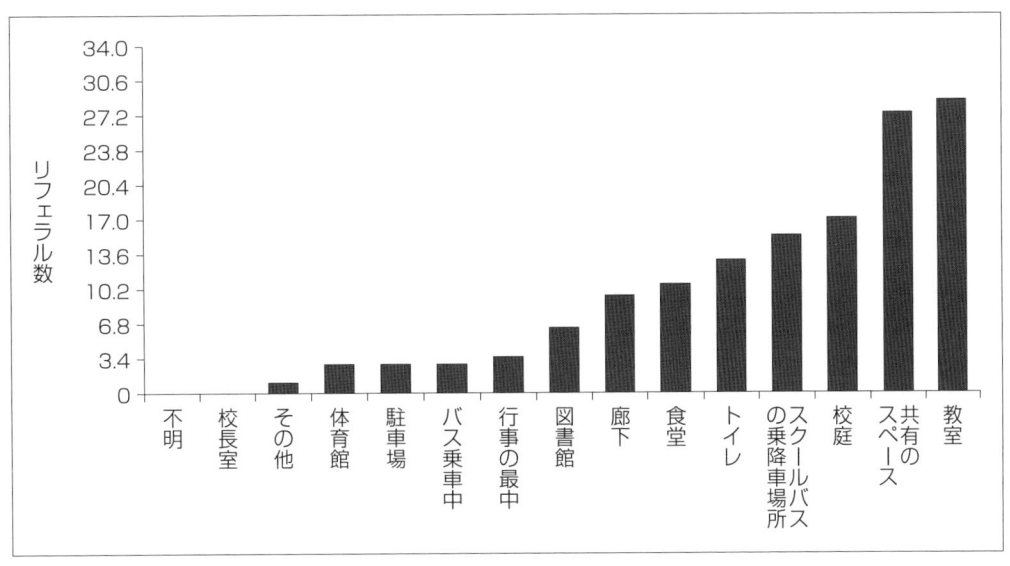

図2-2 場所ごとのオフィス・リフェラルの数

出典：クローン，D. A.・ホーナー，R. H.（2013）『スクールワイドPBS——学校全体で取り組むポジティブな行動支援』（野呂文行・大久保賢一・佐藤美幸・三田地真実訳）二瓶社．

ある。このデータを見れば，教室に次いで共有スペースで問題行動が頻発していることが一目瞭然である。このようなデータがあれば，学校のすべての場所に指導が必要なのではなく，力を入れて指導しなければならないのはどの場所かということがだれの目にも明らかである。エビデンス・ベースの指導ということは，こういうデータに基づいて「何を指導すべきか」の意思決定が行えることがその本質なのである。言いかえれば，データをとることが目的化してしまうことは，エビデンス・ベースではなく，単なるデータ収集にすぎない。そのデータを指導における「意思決定」に使うということが肝要なのである。

さらに，ある指導を行ってこの問題行動の数がまったく減らない，あるいは逆に増えたとしよう。そのような場合に，データとして問題行動の数で示されたとしたならば，その指導を行いつづけるだろうか？　ということなのである。

データをとらずに日常的な直感に頼ったまま，何となくの感じで児童生徒の行動を見るのではなく，きちんとしたエビデンスに基づいた指導を行うこと，これもPBSの大きな特徴の一つである。

なお，実際に日本でスクールワイドPBSを実施した事例は，第4章で紹介されているので，そちらでのエビデンス，つまりデータの用いられ方をご参照いただきたい。

2章 3 現在のスクールワイドPBS
——適用範囲と応用領域

　現在，スクールワイドPBSは，問題行動にとどまらず，また学校内にとどまらず，対象と領域をさらに拡大しつつある。本節ではその広がりの方向性について簡単に紹介する。

(1) 学業面との統合——層別化された指導とデータに基づく意思決定

　すでに述べたとおり，もともと深刻な問題行動が起きている状況の学校で，スクールワイド（学校全体）な指導を行い，安心・安全な場をつくることからスタートしたスクールワイドPBSではあるが，やはり学校のそもそもの存在意義は「学ぶ場」としての機能を発揮することにある。少し辛口な表現をすれば，いくらスクールワイドPBSを行っても，問題行動は減少したが学業面への効果が見られないとなると，その教育的効果性というところに疑問が生じるということである。

　この点について，スクールワイドPBSをRTI（Response to Intervention）とよばれる学業面に対する指導モデルと統合させ，あわせてMTSS（A Multi-Tiered System of Supports），つまり「層別化された支援システム」として児童生徒が学校でうまくいくためのスクールワイドシステムとし，以下のような形で提示されている。

　RTIとは，学業面の指導に対する児童生徒の反応を教師がよく見ながら，そのニーズに応じて指導を変える，それでもうまくいかない場合には個別化された指導を行うというように指導を層別化することで，すべての児童生徒に対して質の高い指導を実施しようとするものである。そして，指導に関する意思決定のために，児童生徒の反応に関するデータを用いる（Batscheら，2005）。

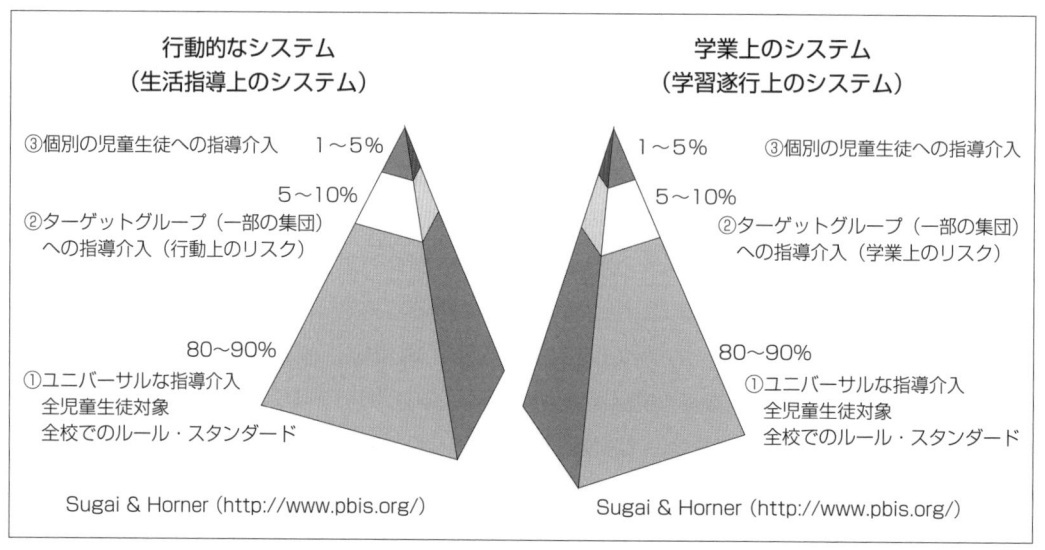

図2-3　児童生徒の成功のためのスクールワイドシステムの構築

　スクールワイドPBSとRTIの両方に共通する点は、指導の層別化という点と意思決定のために児童生徒の行動を指標としたデータを用いるという点である。層別化の観点は、図2-3でも明らかなとおり、①ユニバーサルな介入を全児童生徒に対して行う第1層、②あるターゲットの集団に指導を行う第2層、そして③個別化された指導を行う第3層であり、これもスクールワイドPBSとRTIの両方に共通する点である。

　このように、問題行動に対する指導の領域（日本では生徒指導の領域）と学業面の領域が統合されて、ほんとうの意味でのスクールワイドなシステムとしてさらにシステムが構築されていく方向であることは間違いないだろう。

　そして、このプロセスに児童生徒の家族がどれだけ参画できるかというのも、スクールワイドPBSの大きな流れのなかでは重要な視点としてあげられている。

(2) 家庭・地域への広がり

　スクールワイドPBSにおいても家族の参画ということが強調され始めているが、PBS自体としては、家庭におけるPBS（ファミリーPBS）、さらには地域社会におけるPBS（コミュニティーPBS）とその適応領域をさらに社会全体に広げつつある。

　家庭と学校の連携という点については、特別支援教育体制の導入以来、日本でもその重要性が認識されつつあると思われるが、実際に学校の教師がどこまで家庭の支援を行うのか、ということについては議論が分かれるところであろう。

　おそらく、何もかもを教師が行うということではなく、PBSという基本的なかかわりの哲学と応用行動分析学に基づく指導のテクノロジーを共通項として、学校では教師を中心とした、また家庭においても同じ考え方、かかわり方としてのPBSを用いることで、指導に一貫性をもたせるということがファミリーPBSを家庭に広げることのいちばんの意味であろう。

コミュニティー PBS は具体的にはいくつかの領域を含んでおり，一つは早期療育の領域における PBS，もう一つは精神保健領域，さらに触法少年に対するケアや非行・犯罪のリスクがある青少年に対するケアの領域まで含んでいる。まさに「地域の子どもは，地域で守る・地域で育てる」を現実のものとしつつある実践の広がりである。

【文献】

Batsche, G., Elliott, J., Graden, J. L., Grimes, J., Kovaleski, J. F., Prasse, D., Schrag, J., & Tilly, W.D.（2005）. *Response to intervention : Policy considerations and implementation.* Alexandria, VA：National Association of State Directors of Special Education, Inc.

Crone, D. A. & Horner, R. H.（2003）. *Building Positive Behavior Support Systems in Schools : Functional Behavioral Assessment.* New York：The Guilford Press.（クローン，D. A.・ホーナー，R. H. 野呂文行・大久保賢一・佐藤美幸・三田地真実（訳）（2013）. スクールワイド PBS ——学校全体で取り組むポジティブな行動支援　二瓶社）

Hieneman, M., Childs, K., & Sergay, J.（2006）. *Parenting with Positive Behavior Support.* Baltimore：Paul H. Brookes.（ハイネマン，M.・チャイルズ，K.・セルゲイ，J.　三田地真実（監訳），神山努・大久保賢一（訳）（2014）. 子育ての問題を PBS で解決しよう！　——ポジティブな行動支援で親も子どももハッピーライフ　金剛出版）

Sailor, W., Dunlap, G., Sugai, G., & Horner, R.（Eds.）（2011）. *Handbook of Positive Behavior Support.* New York：Springer.

Taylor-Greene, Susan, Brown, Doris, Nelson, Larry, Longton, Julie, Gassman, Terri, Cohen, Joe, Swatz, Joan, Horner, Robert H., Sugai, George, and Hall, Susannah（1997）. School-Wide Behavioral Support：Starting the Year Off Right *Jounal of Behavioral Education, Vol.7, No.1,* pp.99-112.

【関連ホームページ（英語）】

① "Positive Behavioral Interventions & Supports（PBIS）"
〈https://www.pbis.org/〉（最終アクセス日：2015/5/18）
アメリカ教育省の特別教育プログラム局（The Office of Special Education Programs, The U. S. Department of Education）によって設立された，PBIS のテクニカル支援センター（The Technical Assistance Center on Positive Behavioral Interventions and Supports）によるホームページ。スクールワイド PBS のみならず，家族を対象とした PBS，地域を対象とした PBS，PBIS の全体像が網羅されている。さらに，さまざまな記録用紙や研究報告といったリソースが無料で提供されている。

② "PBISApps"
〈https://www.pbisapps.org/Pages/Default.aspx〉（最終アクセス日：2015/5/18）
スクールワイド PBS のデータシステムのホームページ。どのような形でデータが集約されるかについてのデモページがあるので，そちらを見ていただくと概要がわかるであろう。このデータを取り扱う，SW-PBS Facilitator のトレーニングなどの情報もある。

第3章

管理職が実施するスクールワイド PBS
──いまから始められるマネジメントのポイント

3章 1 PDCAに準拠した四つの段階

　本章では，学校の管理職（校長・副校長などを含む，以下同様）がスクールワイドPBSを実践するための具体的なステップについて示していく。

　どのようなプランでも実際にそれを実行するまでにはいくつかの段階を経るのが常であるが，スクールワイドPBSにもいわゆるPDCA（Plan-Do-Check-Act）サイクルに準拠する大きな四つの段階がある。それは，(1) 準備の段階，(2) 合意形成の段階，(3) 実践の段階，(4) フォローアップの段階である。それぞれの段階は，具体的に実行するいくつかのステップで構成されている。まず，スクールワイドPBSを実践する際の大きな流れを理解していただくために，四つの段階の大枠を解説する。

(1) 準備の段階：スクールワイドPBSを実践しようとする際に，いきなり学校全体で実行するのではなく，最初に管理職が導入に先だってある程度の事前準備を行うことが必要である。「準備の段階」とは，次の「合意形成の段階」で全教職員にスクールワイドPBSの実施について公に伝える「前に」しておくべき具体的な内容である。

(2) 合意形成の段階：この段階で，スクールワイドPBSについて全教職員に公表する。この段階のゴールは，「児童生徒，および保護者にスクールワイドPBSを公表する前に，全教職員で具体的にスクールワイドPBSを実践する際の方針を共通認識しておくこと」である。ここでの重要なポイントは，教師と管理職が共通の認識をもち協働体制をつくり上げることである。この作業を通して，学校全体で一致団結して生徒指導に取り組む体制をつくっていくのである。

(3) 実践の段階：いよいよスクールワイドPBSについて児童生徒・保護者に公表し，学校全体で実践していく段階である。この段階では，児童生徒と教師がともにルールをつくり上げるなどの作業を通して，教師と児童生徒の協働体制をつくることも行われる。

(4) フォローアップの段階：スクールワイドPBSの仕組みが形骸化しないために重要なことは，いかに毎年メンテナンスしていくかである。一度できた仕組みを発展的に維持継続していくためのポイントについて解説していく。

　表3-1は，スクールワイドPBSの四つの段階がどのように進行していくかの概要を示したものである。✓の入った部分がその段階でかかわるメンバーを示している。準備の段階では管理職が，合意形成の段階では全教職員が，そして実際に児童生徒・保護者を含めた学校全体で実施するのは実践の段階，フォローアップの段階であることを示している。

表3-1 スクールワイド PBS　四つの段階　進行イメージ

実践するレベル	それぞれの段階にかかわるメンバー			
	管理職	全教職員	児童生徒	保護者
準備の段階	✓			
合意形成の段階	✓	✓		
実践の段階	✓	✓	✓	周知する
フォローアップの段階	✓	✓	✓	周知する

※✓の入った部分がその段階に実際にかかわるメンバー

2 四つの段階の実際の進め方

　本節ではスクールワイド PBS 実施にあたっての四つの段階，（1）準備の段階，（2）合意形成の段階，（3）実践の段階，（4）フォローアップの段階の具体的な進め方について解説していく。表3-2は各段階に含まれるステップを概観したものである。

表3-2　スクールワイド PBS の各段階とステップの関係

準備の段階					合意形成の段階					実践の段階				フォローアップ	
管理職が行う構想づくり					管理職と教師で行う					管理職・教師・児童生徒				管理職・教師	
ステップ1	ステップ2	ステップ3	ステップ4	ステップ5	ステップ6	ステップ7	ステップ8	ステップ9	ステップ10	ステップ11	ステップ12	ステップ13	ステップ14	ステップ15	ステップ16
校長一人または教頭と相談しながら					研修会など全教師で行う会としては2～3回程度でよい				プロジェクトチームなどを活用する	児童生徒の関与は代表の児童生徒と教師とで行えばよい				校長・教頭・新校長で行う	新体制での校長と全教師で行う
学校生活全体を包括する「指導の基準」スクールワイドな	ポジティブな関係づくりのための「認める指導」	日常生活における教師のかかわり方のスタンダード（日常のスタンダード）	問題行動に対する指導のスタンダード	「教師対生徒」から「指導構造の変化」への「指導構造生徒対生徒」	管理職の方針の提示	課題の共有	解決像の共有	方策の要請	方策の決定	児童生徒の関与	方策の実施	成果のフィードバック	仕組みのメンテナンス	次校長への引き継ぎ	新年度の準備

（1）準備の段階◇ ステップ1～5 ：（まず管理職が行うこと）スクールワイド PBS の全体構想をつくる

　スクールワイド PBS では，指導体制をつくり上げる過程で，管理職は全教師のアイデアや意見を積極的に取り入れていく。これは，参画型マネジメントによる生徒指導体制になることをねらいとしているからである。こうすることで，スクールワイド PBS 導入に際して教師の意欲的な参画を促すことができる。一人一人の教師がいかに指導体制をつくり上げることにコミットしている（積極的に関与している）かが，その後の学校全体でのスクールワイド PBS の実践の成否に大きく影響するからである。しかし，現実的には

個々の教師の意見をすべて取り入れるということは不可能であり，まず管理職として，スクールワイドPBSの構成要素の各々について基本的な考えを整理しておくことが必要である。これには大きく二つの意味がある。一つは，管理職としてここまでは許容できる，ここからは許容はむずかしいという指導についての線引きをあらかじめ行っておけるということ，もう一点は，個々の教師から活発に意見が出ない場合に，まず管理職自らの考えを示してから教師の意見を求めることができるということである。

　管理職がスクールワイドPBSについて自分の基本的な考えを明確にしておくということは，具体的には「五つの要素」について，自分の考えを整理し言語化しておく作業である。五つの要素とは，以下のとおりである。

〈スクールワイドPBSの全体構想　五つの要素〉

①学校生活全体を包括するスクールワイドな「指導の基準」
②ポジティブな関係づくりのための「認める指導」
③日常生活における教師のかかわり方のスタンダード（日常のスタンダード）
④問題行動に対する指導のスタンダード
⑤「教師対児童生徒」から「児童生徒対児童生徒」への「指導構造の変化」

　この五つの要素が，その後スクールワイドPBSを実施していく際に，一人一人の教師がどのように行動すればよいかの具体的な基準となる。この五つの要素の全体像を，図3-1に示した。準備の段階では，この五つの要素それぞれについて，「ここまでは現場の教師のアイデアに任せてもよい部分」と「そうではない部分」という線引き（＝これがすなわち，ガードレールである）を管理職として明確にしていく。準備の段階はそのための期間であり，準備の段階のステップ1～ステップ5までは，校長一人，または校長と教頭で行う作業である。

(2) 合意形成の段階◇　ステップ6～10：（管理職と教師間で行うこと）

　この段階で行うことは，管理職と全教職員で自校の課題と，自校をどのような学校にしていくのかを共通認識し，これを解決するための方針や方策を理解することである。また，スクールワイドPBSを実施するために，指導の基準や認める指導，日常のスタンダード，問題行動に対するスタンダードについて，管理職と教師が一緒に検討して具体的な方策をつくり上げる段階でもある。ここでの重要なポイントは，管理職と教師が生徒指導に対する共通の認識をもち，協働体制をつくり上げることである。つまり学校内のチーム・ビルディングである。スクールワイドPBSを活用して新たな学校をつくろうというムーブメントを，学校のなかにつくり上げる過程である。それだけに，合意形成の段階を開始するにあたっては，事前にリーダー級の教師（分掌主任・学年主任など）に説明し理解と協力を求める必要がある。合意形成の段階は，スクールワイドPBSを実施するうえ

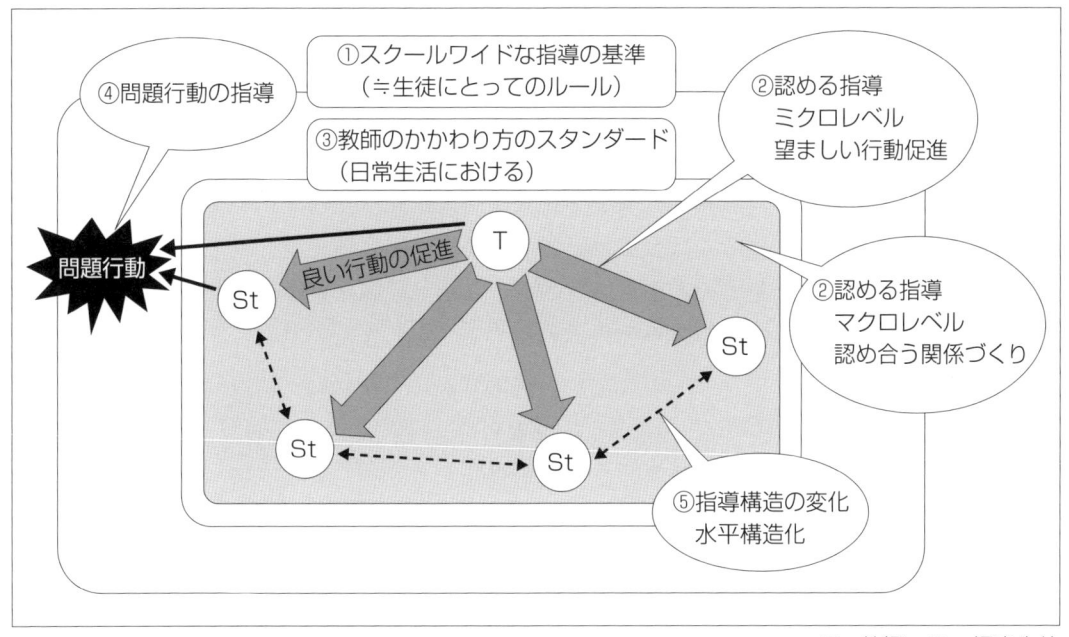

図3-1 今回のスクールワイドPBS五つの要素の全体構成
（この図は指導の基準とほかのスクールワイドPBSの要素との関係を表している）

で大変重要である。この段階で、学校立て直しを行うために全教師の気持ちを同じ方向に向けること、スクールワイドPBSの構成要素を決定する際によく教師の意見を聞き取り、教師が参画意識をもつことは、スクールワイドPBSの成否に大きく影響する。もちろん、すべてのリーダー級の教師が管理職に対して協力的であるかどうか、また、スクールワイドPBSの推進役として適しているかはわからない。しかし、中核となる教師の協力がなければ学校の立て直しはなしえない。したがって、全体の教師に説明する前にリーダー級の教師に説明し、協力を得ておくことは大変重要なことである。ステップ6〜ステップ9は一連の作業であり、数回にわたっての会議が必要となる。ステップ6〜ステップ8は短期間で行ったほうがよいであろう。その際、必要なことは時間の確保である。日常の授業や特別活動などを行いながらでは十分に検討ができない。授業時数の確保は大切なことであるが、十分に落ち着いて授業ができない現状があるのならば、職員会議または校内研修会などに位置づけて時間を確保し、学校を落ち着かせることに時間をかけるべきであろう。

(3) 実践の段階◇ ステップ11〜14 ：（児童生徒・保護者にも公開して実践）

　準備の段階は終わり、いよいよ実践の段階である。一度決定し準備が整えば、後はとどまることなく全教師で一致団結して推し進めることが大切である。
　自校を落ち着いた学校にするために、これからどのような取組みをしていくのかを児童

生徒・保護者に説明して，スクールワイドPBSを実践する。ここでは，スクールワイドPBSが順調に機能し，学校の秩序を回復させることが目的である。そのために重要なポイントは，（a）実施に向けて児童生徒をかかわらせる，（b）全教師が一致した指導を徹底する，（c）成果を教師にフィードバックすることである。

　合意形成の段階では，管理職と教師で学校秩序回復に向けた協働体制をつくり上げることに力を注いできたが，ここでは教師と児童生徒間に協働体制をつくり上げる。教師が児童生徒を指導する対象としてのみとらえるのではなく，教師と児童生徒が一緒になって，よりよい学校をつくり上げるというとらえ方をする。もちろん，児童生徒をかかわらせることも指導の一環として行うのであるから，学校をよくする取組みに自分たちもかかわったという意識を児童生徒がもてるような指導を行う。また，スクールワイドPBSでは教師が学校として一貫性のある指導を行うことが重要であるが，実施するうちに教師のモチベーションが下がり，前述のダブル・スタンダードが出てくることもある。教師のモチベーションを低下させないためにも，ステップ13の「成果のフィードバック」は非常に重要な要素といえる。

(4) フォローアップの段階◇　ステップ15〜16　:（次校長への引き継ぎ，新年度の準備）

　よりよい学校づくりは，ある時点で終わりというものではなく，年度を越えて継続する必要がある。そのために必要なことは，人が替わっても続けられる仕組みをつくっておくことである。公立学校では，校長も教師も異動により毎年人が入れ替わる。人が入れ替わると，実施していた取組みもその意義が忘れられ，やがて形骸化することがある。学校が荒れているとき，教師は落ち着いた学校にするため懸命に努力するが，やがて学校が落ち着いてくるとしだいに決められていたことをやらない教師が出てくることがある。また，学校が落ち着いてから異動してきた教師が，スクールワイドPBSの内容をよく理解していないと，その意義を感じず，否定的にとらえたりすることもある。学校が落ち着いた後も，つくり上げた仕組みが形骸化することなく，学校の実態に合わせながら発展的に進化していけるようにするのがフォローアップの段階である。

ステップ1 ❶準備の段階：（まず管理職が行うこと）

学校生活全体を包括する「スクールワイドな指導の基準」をつくる

【定義】「スクールワイドな指導の基準」

「スクールワイドな指導の基準」（以下「指導の基準」）とは，その後の実践のすべての基本となるもので，自校の生徒指導のすべての場面で用いる教師の判断基準のことを指している。生徒指導では大きく分けて二つの場面がある。一つ目は児童生徒の望ましい行動をほめ・認める場合で，二つ目は，児童生徒の問題行動を正す場合である。どちらの指導を行う際にも，教師が判断するための何らかの基準が必要となる。「指導の基準」とは，この両方の場合に教師がどのようにかかわればよいかの判断のための基準となる。

また，「指導の基準」を児童生徒に示す際には，児童生徒がどのようにふるまえばよいかの基準を示すという意味で，「行動のルール」と表現する。

■ このステップでの具体的なアウトプット

このステップを実施することで，最終的には，例えば，暴力が多い，物が壊されるという課題が自校にあるのならば，「大切にする」などの基準が出来上がる。「指導の基準」自体はあまり具体的な行動ではなく，ある程度包括的なものがよい。「大切にする」を例にあげれば，「人や物を大切にする」，「自分を大切にする」，「友達を大切にする」，「時間を大切にする」などと，学校生活で活用できる範囲が広い。何を大切にするのかなどの具体的な内容は，実践の段階において児童生徒に考えさせることで指導として実施する。ここでのポイントは，自校の課題解決に必要な児童生徒に期待する行動の大枠を考えることである。これは，第2章で説明したスクールワイドPBSの第一層（全校児童生徒）に対するルールに相当するものである。表3-3，3-4は具体的なアウトプットの例である。

表3-3 「指導の基準」の完成例①

実際に使用した○○中学校「指導の基準」
○○中学校　五つの大切 ①時間を大切にする ②礼儀を大切にする ③物を大切にする ④自分を大切にする ⑤みんなを大切にする

表3-4 「指導の基準」の完成例②

実際に使用した◇◇中学校「指導の基準」
◇◇中学校　五つの基本ルール ①大切にする ②素直にふるまう ③話し合って解決する ④自分をコントロールする ⑤時間を守る

■ ここで管理職が行うこと：「指導の基準」の構想をつくる

To-Do-List

Check	管理職が行うこと
	①自校で起きている問題行動を付箋紙に書く
	②書き出した課題を似たもの同士でグループ化する（親和図法）
	③グループになったものを表すようなタイトルをつける（カテゴリー化する）
	④自校の課題が解決したらどのようになるのかを考える
	⑤解決した状態をひとことで表せるキーワードにする→「指導の基準」

①　自校で起きている問題行動を付箋紙に書く

　ここでは，あまり深く考えず思いつくものを付箋紙にどんどん書き出していく。同じようなものが出てもかまわない。図3-2にはこの①～③の具体例を示してある。

[例] 付箋紙への書き出し

・暴力事件が多発する ・非常ベルが頻繁に鳴らされる ・授業の抜け出し徘徊が多い ・授業妨害が多く，授業が成立しない	・シャツを出す，靴のかかとを踏むなどだらしない服装が多い ・児童生徒の傘が折られる ・ガラスが割られる　　　など

・自校で起きている問題行動をあげてみる。似たようなものが出てもよい。

②　書き出した課題を似たもの同士でグループ化する（親和図法）

　グループ化する際に，もしかすると，二か所以上のグループに入るような問題行動もあるかもしれないが，それでもかまわない。

＊新和図法とは，バラバラに出された言語データや問題を，言葉の意味の親和性によってグループ化・図式化する方法。

③　グループになったものを表すようなタイトルをつける（カテゴリー化する）

　それが現在のあなたの学校の問題行動のカテゴリーとなる。問題行動の種類と「指導の基準」は一対一の対応になるとはかぎらない。

1 準備の段階 / ステップ 1

① 自校で起きている問題行動を付箋紙に書く

- 窓ガラスを割る
- 人の持ち物を勝手に使う
- 教師の指導に従わない
- 授業を抜け出す
- 電気のスイッチを押し込む
- 暴力をふるう
- 異装をする
- 当番をさぼる
- 人の置き傘を壊す
- 授業中騒いでじゃまする
- 人の給食を無理やりとる
- 保健室に入り浸る
- 授業中に漫画を読む
- 非常ベルを故意に鳴らす
- 暴言を吐く
- お菓子を食べる
- 授業中に居眠りする
- トイレの扉をける
- 校内で喫煙する
- 机をナイフで彫る
- 授業中スマホをいじる
- トイレットペーパーをいたずらする
- トイレを水浸しにする
- 授業や学校に遅刻する
- 人の嫌がることを言う・する
- 壁や机に落書きする
- 理由なく暴力をふるう
- 人の物を故意に壊す
- 当番を人に押しつける

↓

② 書き出した課題を似たもの同士でまとめてグループ化する
③ グループになったものを表すようなタイトルをつける

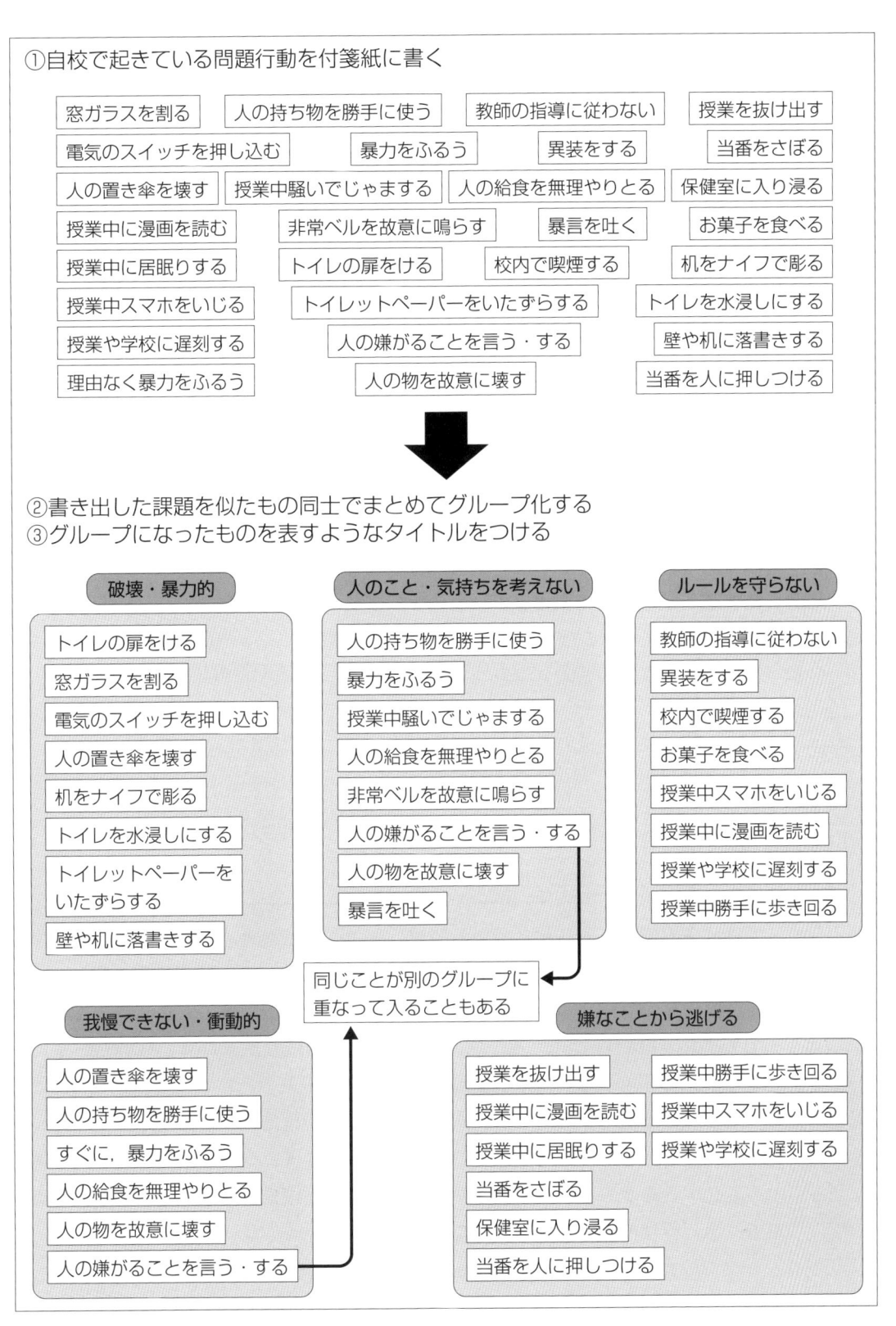

破壊・暴力的
- トイレの扉をける
- 窓ガラスを割る
- 電気のスイッチを押し込む
- 人の置き傘を壊す
- 机をナイフで彫る
- トイレを水浸しにする
- トイレットペーパーをいたずらする
- 壁や机に落書きする

人のこと・気持ちを考えない
- 人の持ち物を勝手に使う
- 暴力をふるう
- 授業中騒いでじゃまする
- 人の給食を無理やりとる
- 非常ベルを故意に鳴らす
- 人の嫌がることを言う・する
- 人の物を故意に壊す
- 暴言を吐く

ルールを守らない
- 教師の指導に従わない
- 異装をする
- 校内で喫煙する
- お菓子を食べる
- 授業中スマホをいじる
- 授業中に漫画を読む
- 授業や学校に遅刻する
- 授業中勝手に歩き回る

我慢できない・衝動的
- 人の置き傘を壊す
- 人の持ち物を勝手に使う
- すぐに，暴力をふるう
- 人の給食を無理やりとる
- 人の物を故意に壊す
- 人の嫌がることを言う・する

嫌なことから逃げる
- 授業を抜け出す
- 授業中勝手に歩き回る
- 授業中に漫画を読む
- 授業中スマホをいじる
- 授業中に居眠りする
- 授業や学校に遅刻する
- 当番をさぼる
- 保健室に入り浸る
- 当番を人に押しつける

同じことが別のグループに重なって入ることもある

図3-2 「指導の基準」を考える①②③の過程例のイメージ

この課題を抽出する作業は，この後の段階で管理職と教師によって再度実施し，次に教師と児童生徒によって三度実施する。最終的に学校中のアイデアが加算される。

④　自校の課題が解決したらどのようになるのかを考える

　これは③であげた問題行動のカテゴリーに対応する形がよいであろう。問題・課題と感じている事象については，必ず「望ましい姿」が背景にあるはずなので，それを書き出す作業である。③でカテゴリー化した場所に，それぞれ解決像を記入する。

問題行動のカテゴリー	解決したらどのようになるか考える
・破壊・暴力的	人や物を大切にする，話し合って解決する
・人のこと・気持ちを考えない ・ルールを守らない	人の気持ちを考えて行動する ルールを尊重する，注意を素直に聞く
・我慢できない・衝動的 ・嫌なことから逃げる	気持ちをコントロールする 困難なことにも取り組む，自分を大切にする

⑤　解決した状態をひとことで表せるキーワードにする➡「指導の基準」

　④であげた解決後のイメージをもとにする。

「指導の基準」を考える際のポイント
・問題行動のカテゴリーのグループ数は五つ程度にする
・否定的な表現ではなく肯定的な表現にする （「しない」ではなく「する」と表現する）
・わかりやすく覚えやすいものがよい
・包括的な表現で汎用性が高いものがよい

　上記のものは一つの例である。起きている問題行動は必ずしもきれいにグループ分けできないし，複数のグループに入る場合もある。また，問題行動と「指導の基準」も一対一の対応になるとはかぎらない。ここは管理職の構想をつくる段階であるから，完全なものができなくてもよい。「指導の基準」は，次の合意形成の段階で，管理職と教師が一緒につくり上げる作業を行う。また，児童生徒にとっての「ルール」として完成させる際には児童生徒も何らかの形で関与させていく。あくまでも準備の段階は，後の段階の大枠をつくることが目的である。したがって，最終的に出来上がるときには，管理職が最初に考案したものから変化することもある。教師や児童生徒をその作成に関与させることが大切なので，ここではある程度の幅をもって考えておく。

　「指導の基準」は，自校の児童生徒に期待する「望ましい行動」を増加させるためのよりどころとして用いるものである。スクールワイドPBSは，こうした「指導の基準」な

しには成立しない。管理職は，自校の児童生徒の実態を踏まえ，どのような児童生徒に育てたいのかを検討したうえで「指導の基準」を作成する。そのためには，管理職が自校の課題やそれをどのように解決したいかという解決像のイメージをもつことが必要である。実際に自校に必要な事柄で，さまざまな場面で活用できるような内容がよい。

この作業は，次の段階で管理職と教師が一緒に「指導の基準」をつくり上げるための準備である。児童生徒に期待する行動は，最終的に児童生徒に指導として考えさせる段階があり，そこでは「具体的な行動」，すなわち「できた・できない」がだれの目から見ても明確にわかるようなものにしていく必要がある。これは，スクールワイドPBSの背景理論である応用行動分析学でいうところの標的行動にあたる。しかし，「指導の基準」をつくる段階では，一つ一つの具体的な行動に落とし込むのではなく，学校生活のすべての場面で活用できる基準として使えることが大切になるので，包括的な内容にしておくほうが活用しやすい。

例えば，授業中，児童生徒に「前を向き教師の話を聞く」とか「黒板に書かれたことや教師が言ったことをノートに書く」という行動を期待しているとしても，そのままを「指導の基準」にするのではあまりにも具体的すぎる。この調子でルールをつくるといくらルールがあってもたりなくなる。そこで，「大切にする」という大枠の基準を考えてみる。「大切にする」と決めると，次はどのような場面で何を大切にするのかということが問題になる。これを，「授業中に自分を大切にするには」や「授業中に友達を大切にするには」と「授業中」に場面設定すると，具体的な行動を考えることができる。

この具体的な行動は，後のステップで「ルール」を浸透させるための指導として児童生徒に考えさせていく。児童生徒に「ルール」にそった具体的な行動を考えさせることは，「ルール」自体を覚えさせることと，「ルール」づくりにコミットさせることがねらいである。また，特に重点的に指導したい具体的な行動は，後で述べる「日常のスタンダード」として教師と一緒に検討する。

[例] ルールの考え方

> 例えば，ルールを「授業時間に遅れない」とすると授業時間だけに限定される。しかし，「時間を大切にする」とすれば利用範囲は広がり，例えばどんな場合があるかと子どもに考えさせる指導ができる。さらに，「大切にする」というルールならば何を大切にするのかという指導ができる。授業中に自分を大切にする行動はどのようなことか？ 授業中友達を大切にする行動とはどのようなことか，などである。ルールをつくって与えて守らせるのではなく，ルールの中身や意味を考えさせることがルールを浸透させるための指導であり，汎用化させるための方法でもある。

■ 考え方・必要性

スクールワイドPBSを実施するうえで，まず行うことは，学校として一貫性のある生

徒指導を行うための根幹を明確にしておくことであると前に述べた。「指導の基準」づくりは，児童生徒に行ってほしい行動，望ましい行動，その場にふさわしい行動，期待する行動を明確にすることである。

「指導の基準」を全校に明示することで，①すべての教師が児童生徒に対し同じ基準で同じように指導することができる。それは，学校として一貫性のある生徒指導となり児童生徒や保護者に不公平感を与えにくい。②児童生徒の立場からみれば，「指導の基準」は行動のルールであり行動モデルでもある。「指導の基準」を児童生徒に示す際には，「行動のルール」として示される。

スクールワイドPBSでは，児童生徒の望ましい行動を増加させることにより，結果として問題行動を減少させることを目的としている。学校生活のさまざまな場面で，児童生徒がその場面に適した望ましい行動をとった場合，教師は積極的に児童生徒の行動をほめたり認めたりすることで，その行動を強化して増加させるのである。したがって，この「指導の基準」は，学校生活のすべての場面で使用する。例えば，授業中・休み時間・給食の時間・行事の最中・部活動など学校生活のあらゆる場面で，児童生徒がこの基準に該当する行動をすれば教師がそれをほめたり認めたりすることで，その行動がさらに起こりやすくなるように強化する。逆に，「指導の基準」からはずれた行動をした場合は，それを指摘して反省を促し，基準にそった行動へと変容させるかかわりを行う。このようにして全教師が児童生徒の同じ行動に対して同じかかわりをするための基準が，「指導の基準」である。

■「指導の基準」がないとどうなるか

では，「指導の基準」がない場合はどうであろうか。「指導の基準」は，児童生徒のどの行動をほめてどの行動をしかるのかという判断基準の大枠である。また，言い方を変えると，「指導の目標」である。したがって，「指導の基準」がなく，指導の目標が教師間で共有されていなければ，個々の教師の指導に違いが出てくる。

例えば，「時間を大切にする」という基準があった場合，チャイム着席をしている児童生徒がいれば，教師は時間を大切にできていることを認め，その行動を強化する。あるいは，チャイム着席ができていない児童生徒には，チャイムが鳴る前に自席に座るように指導する。「指導の基準」として時間を大切にすることが明確になっており，そのことが全教師に意識されているからできることである。

「指導の基準」が明確になっていなければ，指導は教師個々の判断となる。チャイム着席が大切であると思っている教師は授業の度に指導するが，そうでない教師はしない。児童生徒は同じ行動をしていても，A先生はしかるのに，B先生はしからないというように指導の違いが出てくる。これは第1章で述べた指導のダブル・スタンダード化である。教師の指導の違いが日々繰り返されていたり，大きな事件に対する指導が異なっていたりすれば，児童生徒や保護者の教師個人への不信にとどまらず，学校全体への不信感につながる。

1 準備の段階：(まず管理職が行うこと)

ステップ2 「ポジティブな関係づくりのための認める指導」の構想をつくる

【定義】「ポジティブな関係づくりのための認める指導」

　「ポジティブな関係づくりのための認める指導」（以下「認める指導」）の根幹は，教師対児童生徒，児童生徒同士のポジティブな関係，あるいは信頼関係を構築するために，具体的にどのように教師が行動すべきであるかというところにある。具体的な実践として，「認める指導」には，より包括的な活動レベルを意味する「マクロのレベル」と，個々の具体的な行動にどう教師がかかわるかを示す「ミクロのレベル」の二つがある。マクロレベルの「認める指導」は，児童生徒同士または児童生徒と教師の間にポジティブな関係をつくるための具体的な活動を企画することである。ミクロレベルの「認める指導」は，児童生徒の望ましい行動を教師のかかわりによってどんどん促進していくことである。

■ このステップでの具体的なアウトプット

(1) マクロレベルの「認める指導」

　ここで作成するものは，児童生徒同士の認め合い活動や教師と児童生徒の信頼関係をより深くするための活動の構想である。これまでの自校の行事や特色を生かしたものを活用してもよいし，新たな取組みを取り入れてもよい。

活動の候補を考えるうえでのポイント

- 教師が児童生徒の望ましい行動を認める（強化）だけでなく，互いに認め合い受容し合える体験を取り入れる。
- 互いに認め合い，助け合う，親和的な集団を育成することが目的である。
- 互いに認め合える集団に育てることは，問題行動の予防にもなる。
- 学校の特色を生かせるところである。
- 「認める指導」は，教師と児童生徒との信頼関係づくりでもある。
- 著者は認め合うための取組みとして，構成的グループエンカウンター（國分，1981）や「ハートフル・ウィーク」を実施した。（後述）

　教師が児童生徒を認めたり，児童生徒が互いに認め合ったりする活動として，どのようなことが可能なのか，管理職として取組みの候補を考えておく。もし，管理職として具体的な案がなければ，この後に行う合意形成の段階で教師の意見を取り入れて決定してもよい。最終的には，この後の合意形成の段階で，管理職と教師で議論し，教師のアイデアを生かして決定すればよい。「認める指導」はこれでなければならないというものはない。学校の特色やいままでの実践を生かして行ってもよい。

(2) ミクロレベルの「認める指導」

　ミクロレベルの「認める指導」はスクールワイドPBSの根幹であり，日常の学校生活のなかで，児童生徒の望ましい行動に対して，教師がそれを見逃さずに適切に強化することである。このステップのアウトプットは，「児童生徒の望ましい行動を強化する」意義を全教師が理解し，全員で実施する重要性を教師に説明する準備を行うことである。

■ ここで管理職が行うこと：「認める指導」の構想をつくる

(1) マクロレベルの「認める指導」
To-Do-List

Check	管理職が行うこと
	①児童生徒同士が互いに認め合える体験活動の候補を考える
	②教師と児童生徒の信頼関係をより深くするための活動候補を考える

①　児童生徒同士が互いに認め合える体験活動の候補を考える

　児童生徒同士が認め合う活動として，自校ではどのような活動が向いているかなど検討して候補案を作成しておく。いままで実施してきた活動で同様な効果が期待できるものがあれば，互いに認め合う活動と位置づけてそれを活用してもよい。

② 教師と児童生徒の信頼関係をより深くするための活動候補を考える

　教師と児童生徒の信頼関係をより深くすることも大切な活動である。教師が児童生徒のよさを認める，受け入れる活動の候補を検討しておく。

(2) ミクロレベルの「認める指導」
To-Do-List

Check	管理職が行うこと
	③教師に児童生徒の望ましい行動を強化することの意義を説明するため準備をする
	④なぜ「認める指導」が大切なのかを説明するための資料もあわせて準備する

③ 教師に児童生徒の望ましい行動を強化することの意義を説明するため準備をする

　児童生徒の望ましい行動を強化することはスクールワイドPBSの根幹である。望ましい行動に注目してそれを強化することの意義について，教師に説明するための準備をする。理論的な内容や説明に必要な図は，第5章を参照してほしい。

④ なぜ「認める指導」が大切なのかを説明するための資料もあわせて準備する

　マクロ・ミクロの両方のレベルの「認める指導」がなぜ必要なのか，その重要性を教師に説明するための準備をする。

■ 考え方・必要性

　「認める指導」という言葉は，本書では2種類の取組みの総称として用いている。マクロレベルでは，児童生徒同士が互いに認め合う活動を通して，児童生徒同士の信頼関係をつくり上げたり，教師と児童生徒との信頼関係をより深めたりするための取組みである。スクールワイドPBSでは，児童生徒の行動を強化することだけでなく，児童生徒同士，教師と児童生徒との信頼関係づくりも同時に行う。ミクロレベルでは，児童生徒の望ましい行動を教師が強化することで増加させ，児童生徒の問題行動を減少させようとするものであり，応用行動分析学に基づいたスクールワイドPBSの柱である。

(1) マクロレベルの「認める指導」

　児童生徒同士が互いに認め合う活動は，児童生徒同士が互いの存在を受け入れ，認めているという関係をつくることをめざしている。学校全体で，互いを認め合うという雰囲気をつくる。認め合う取組みが行われている学校では，児童生徒間や教師と児童生徒間に親和的な雰囲気が出来上がる。このような学校では，児童生徒の問題行動が起きにくく，予防的，発達促進的な効果が期待できる。また，親和的な集団のなかでは，発達に課題がある児童生徒も安心して生活できるため，トラブルが少なくなることも期待できる。

(2) ミクロレベルの「認める指導」

　スクールワイドPBSでは，児童生徒の望ましい行動を増加させるための正の強化子（第5章を参照のこと）として，「教師の言葉」を用いている。児童生徒の行動をほめたり認めたりする教師の言葉かけである。強化子は，その児童生徒の望ましい行動を増加させるものであれば，どのようなものでも使うことができる。米国の例では，景品（トレーナー・学用品など，お菓子の場合もある）と交換可能なチケット（トークン）を用いている。しかし，著者の実践では，トークンを用いることに対して教師に抵抗感があったため，強化子としては教師の言葉かけを用いた。

　また，応用行動分析学では，正の強化子を用いて望ましい行動を増加させるほうが，正の弱化子を用いて望ましくない行動を減少させるより効果的であるとされている。日常的な言い方をすると，ダメ出しばかりするよりもよいところをほめて伸ばしたほうが，効果があるということである。さらに，そのほうが教師と児童生徒の関係が悪くなりにくいという利点もある。日ごろから教師が児童生徒のよさを認め，教師と児童生徒の信頼関係ができているからこそ，毅然とした態度で叱責することもより効果が上がり，児童生徒に指導が入りやすいと考える。いっぽうで，正の弱化子による弱化ばかりを行っていると，「獲得された無力感」（Seligman, 1975）という現象が生じ，児童生徒の行動がしだいに少なくなり消極的になる可能性もある。

　しかし，認める指導，ほめる指導などといった場合，できて当然のことをほめるのは抵抗があるという教師もいるかもしれない。できてあたりまえのような簡単な事柄を過剰にほめると，児童生徒はばかにされていると感じることもあり，逆効果の場合もある。「認める指導」は，児童生徒の行動をすべてほめたたえるということではない。できていることに対し，「それでよいのだよ」と児童生徒の行動を肯定することでもよいのである。また，「認める指導」＝「しからない指導」という誤解を受けることがある。「認める指導」は，児童生徒の誤りを正さないということではない。児童生徒が間違った行動をしたり，他者に迷惑をかけたりした場合は，当然それを正す指導をしなければならない。「認める

指導」を進めることは，基本的な教師の指導姿勢として，児童生徒のよさを認めていく姿勢をもつということである。

■「認める指導」がないとどうなるか

このような「認める指導」があまり活発に行われていないと，ミクロ・マクロのそれぞれのレベルで次のような問題が生じやすい。

(1) マクロのレベルの「認める指導」がない学校

児童生徒同士の間に，互いに認め合う関係ができていないとどうであろう。人は，自分の属する集団に認められている，あるいは受け入れられているという感覚がないと，それを得ようとする。簡単にいえば，注目を得るためにさまざまなことをするのである。それが，スポーツや学習で努力するなど，自分の努力の結果として注目が得られればよいが，それができないと問題行動を起こすことで注目を得ようとする場合がある。また，相互の信頼関係がまだできていない集団（学級）では，数人の小グループが複数できて，ほかのグループに排他的になることがある。特定の個人やほかのグループの者を無視する，その者の持ち物にいたずらするなどである。ほかのグループや個人を標的にすることで，自分のグループの結束を強める（ハイダーのバランス理論，1978）。集団全体の人間関係が不安定なため，小グループで結束して安心感を得ようとするのである。いじめや嫌がらせはこうした構造で起きることがある。

教師と児童生徒間に信頼関係がないと，児童生徒が教師の指導を素直に受け取らずに曲解したり，表面上は従うふりをしたりなど，指導がうまくいかないことがある。また，学校では，器物が壊されるなどの問題行動があり，だれがやったのかわからないことがある。そのような場合，指導の一環として児童生徒に知っていることはないかとアンケートをとることがある。教師と児童生徒の間に信頼関係がないと，このような場合情報は出てこない。教師を信頼していないので，アンケートに書いても何も変わらないと感じているか，自分が書いたことがばれると仕返しされると思うからである。

保護者は，教師の姿や学校での出来事を児童生徒の家庭での会話を通して知ることが多いので，児童生徒と教師との間に信頼関係がないと，教師の指導が正しく保護者に伝わらないことがある。児童生徒というフィルターを通して，教師の姿が保護者に伝わる。教師と児童生徒の間に信頼関係がないと，保護者と教師・学校との信頼も失われていく可能性がある。

(2) ミクロのレベルの「認める指導」がない学校

しかるばかりの指導をやっている学校はどうであろう。強く叱責して，押さえつける指導ばかりしている教師がいたとする。児童生徒は，その教師が怖いのでその教師の言うことに従う。口答えをすれば，さらにしかられるので，児童生徒は黙って教師の怒りが通り

過ぎるのを待つ。力で押さえつける指導をしていると，一見学校は静かで落ち着いているかのように見える。しかし，児童生徒は心から納得して教師の言葉に従っているわけではないので，ほかのところで不満や反動が出てくる。隠れて学校のルールに違反するような行動をし，教師にばれなければよいという風潮が児童生徒の間に出てくる。そして，児童生徒のなかには厳しくしからない教師の指導に従わない者が出てくる。児童生徒の行動基準が，どの先生が怖いか怖くないかになってしまうのだ。これは，学校が組織として生徒指導を行っておらず，特定の教師の指導のみに頼っている状態でもある。教師の間でも，「○○君はわたしの言うことをきかない」などと言うと，「いや，わたしの言うことはききますよ」などと，いかにも「あなたの指導が悪いのだ」と暗に示すような発言が起こる。このような状態だと，生徒指導に関しては，強い指導をしている教師の発言力が強くなり，ほかの教師は意見を言っても取り上げられない場合が多く，教師の間にも指導方法に対する不満が出てくる。また，児童生徒は教師にしかられつづけると積極的な行動が少なくなってくる。さらに，保護者から指導に対する強い苦情があるなど，何かのきっかけで教師と児童生徒の力関係が逆転すると，一気に教師の指導には従わなくなり，学校の秩序が大きく乱れてくることもある。

コラム　〜実際の学校現場では〜　マクロレベルの「認める指導」

　生徒が互いに認め合う取組みとして，年間を通じて構成的グループエンカウンター（國分，1981）を取り入れ，行事の前後や学期・学年末に互いを認め合えるエクササイズを実施しました。さらに，生徒が話をしたい教師と話をする教育相談週間「ハートフル・ウィーク」（96〜97ページ参照）を実施することで，教師と生徒の，そして生徒同士の信頼関係をより深める取組みを行いました。このような取組みは，それぞれの学校の特色や教師のアイデアを大いに生かせる場面です。

ステップ3 日常生活における教師のかかわり方のスタンダード

1 準備の段階:(まず管理職が行うこと)

【定義】「日常生活における教師のかかわり方のスタンダード」

「日常生活における教師のかかわり方のスタンダード」(以下「日常のスタンダード」)とは,現時点の学校生活におけるさまざまな場面で,教師によってかかわり方が異なっていることにより児童生徒の問題行動を引き起こす可能性があるものを,かかわり方をそろえることによって問題行動を予防する効果をねらい,設定するものである。言いかえれば,教師のかかわり方のふぞろいにより,不用意に児童生徒に問題行動を起こさせている可能性の芽を摘むともいえる基準のことである。

■ このステップでの具体的なアウトプット

このステップで最終的に得られるものは,表3-5に示した例のように指導の具体的な基準である。

まずは,「日常のスタンダード」として,全教師が指導をそろえたほうがよいと考えられる事項について,学校生活を観察して列挙することである。そして,それらをどのようにどの程度指導するか,さらに指導の見通しをつくっておくことである。この後の合意形成の段階で教師と協力して「日常のスタンダード」を作成するが,それまでに管理職としての考えをまとめておくのがここでの作業である。また,「日常のスタンダード」を考える際,なぜそのようにするのかという指導の根拠として,前述の「指導の基準」によって説明できるように関連づけて考えておく。

表3-5 「日常のスタンダード」の具体例（自校の状況に応じて段階的に指導レベルを上げる場合）

指導項目	レベル1	レベル2	レベル3
靴のかかと踏み	必ず声をかける	その場で穏やかに、しかし何度か指摘する	その場で改めるまで指導する
チャイム着席していない	チャイムと同時に授業を始め、終了する	休み時間に教師が廊下で待機して声をかける	チャイム着席ができている者をチェックし発表する
標準服の上着の着用について	全校朝礼など、全校で集まる場合や儀式的な場面では必ず着用するように指導する	授業の開始と終わりには上着を着用してあいさつするように指導する	TPOに合わせて判断して、上着を着用する

※現状ではレベル1までは必ず行う、などと定める。また、次の段階に移行する要件やタイミングも検討する。

■ ここで管理職が行うこと：「日常のスタンダード」の構想をつくる

To-Do-List

Check	管理職が行うこと
	①教師の動きを観察し、指導がそろっていないことで効果的でない点をあげる
	②教師の指導や行動をどのようにそろえればよいのか考えをまとめる
	③指導に対する見通しをもつ——指導の段階や最終到達点を定める

「日常のスタンダード」 作成のポイント

- 「指導の基準」と関連づけて指導できるように定めるとよい。
- 教師の行動をそろえることによって児童生徒の問題行動を防止する視点で考える。
- 指導内容に見通しをもち、いつまでにどの程度指導するかなどを定めておく。
- 児童生徒に指導上の不公平感を与えやすい事柄についても検討する。
- 特に増やしたい児童生徒の望ましい行動についても検討する。
- 検討する際、図3-3の作業ボードや表3-5などを用いて考えてもよい。

① 教師の動きを観察し、指導がそろっていないことで効果的でない点をあげる

　学校生活のなかで、教師の行動がそろっていないために児童生徒の問題行動を誘発するような点はないか、教師の行動をよく観察する。
　例えば、授業と授業の間の休み時間に児童生徒同士でトラブルが頻繁に起きていたとすると、教室や廊下に教師の目がない時間帯があることが考えられる。これは、教師が、チャイムが鳴ってもなかなか教室に行かなかったり、チャイムが鳴る前に授業をやめて職員室に戻ってしまったりすることで、教室や廊下が手薄になっているのかもしれない。そう

したことを防止するために，「教師はチャイムを教室で聞く」，さらに，次の授業がない場合は，次の始業のチャイムが鳴ってから職員室に戻るなどと決める。また，給食の準備中に，教科連絡係が次の授業の準備を教科担任に聞きにいくことがある。このため，給食準備中であっても，教室の中で給食の準備を行うということが徹底できず，結果的に廊下に生徒があふれたり，ほかの学級へ入り込んだりして，混沌としたなかでけんかやいじめなどのトラブルを起こす原因となることがある。したがって，「給食準備中は教科の連絡に行かせない。係の生徒が来ても連絡は伝えず，給食の準備をするよう指導する」などと決めておく。このようにささいなことではあっても，教師の行動がそろっていないことが児童生徒の問題行動の原因となりうることを，日々の教師の行動を観察してあげておく。

② 教師の指導や行動をどのようにそろえればよいのか考えをまとめる

「日常のスタンダード」をつくる際の視点の一つは，児童生徒のトラブルを誘発するような点をできるかぎり排除するということである。①で教師の行動を観察して見つけ出した点について，どのように教師の行動をそろえることで，問題行動の発生を防げるかを検討する。

もう一つの視点は，児童生徒に指導上の不公平感を与えないということである。「日常のスタンダード」をつくる際には，児童生徒が不公平感をもったり，指導が徹底できなかったりすることは十分に検討してから定めたほうがよい。例えば，頭髪や服装の指導である。男子のシャツが出ている，女子のスカート丈，ベストやカーディガン，セーターの着こなし，靴のかかと踏みなどは，中学校ではよくあることである。これらの指導は，児童生徒に不公平感を与えやすい。このようなことは，どのように，どの程度指導するのかということを定めて，全教師が同じように指導する。

③ 指導に対する見通しをもつ──指導の段階や最終到達点を定める

指導するといっても，指導が徹底できなければ逆効果になることがある。「指導する」というと，児童生徒を教師のいうとおりに従わせると思っている教師がいるかもしれない。もちろん，正しくないことは正して児童生徒の行動を変えていくことが最終的な目的である。しかし，問題行動が多く起きていて，児童生徒と教師との関係が悪く，指導しても児童生徒に指導が入らないこともある。そのような学校の場合，無理やり服装を正そうとしてもそれができないこともあれば，無理に行うことによって対教師暴力を誘発することもある。また，前に述べたように，強く指導する教師とそうしない教師とで指導の差が出ることがある。問題を起こす児童生徒には指導しないのにほかの児童生徒には指導したりなど，当該の児童生徒にもその周囲の児童生徒にも，教師の指導が不公平に映ることもある。現段階で必ず全教師が指導を徹底できることは何かという点を押さえることが大切である。例えば，「服装が正しくないことは必ず指摘するが，無理強いはしない」，「朝礼や集会の際には服装を正しくするように全体に指導する」など，最初はレベルが低くとも

必ず徹底できるところから始める。ここで、もう一つ大切なことがある。それは、見通しをもち、最終到達点を定めておくことである。いまはここまでしか指導できないが、これができれば次の段階ではここまでやる、といったことである。この見通しをもち、全教師が理解していないと、今度は教師のなかに不満が出てくる。自分は指導しているのにだれだれはやらない、自分の学年はやっているが上の学年は指導していない、などである。きちんとした指導の見通しをつくり、段階的に指導しているのだという共通の認識を教師間につくるのは管理職の仕事である。

　図3-3は、このような指導の必要性について整理する際に用いると便利な図である。自校の問題点を思いつくままに書いた後に、指導の必要性の程度はどのあたりかによって貼る位置を調整していく。

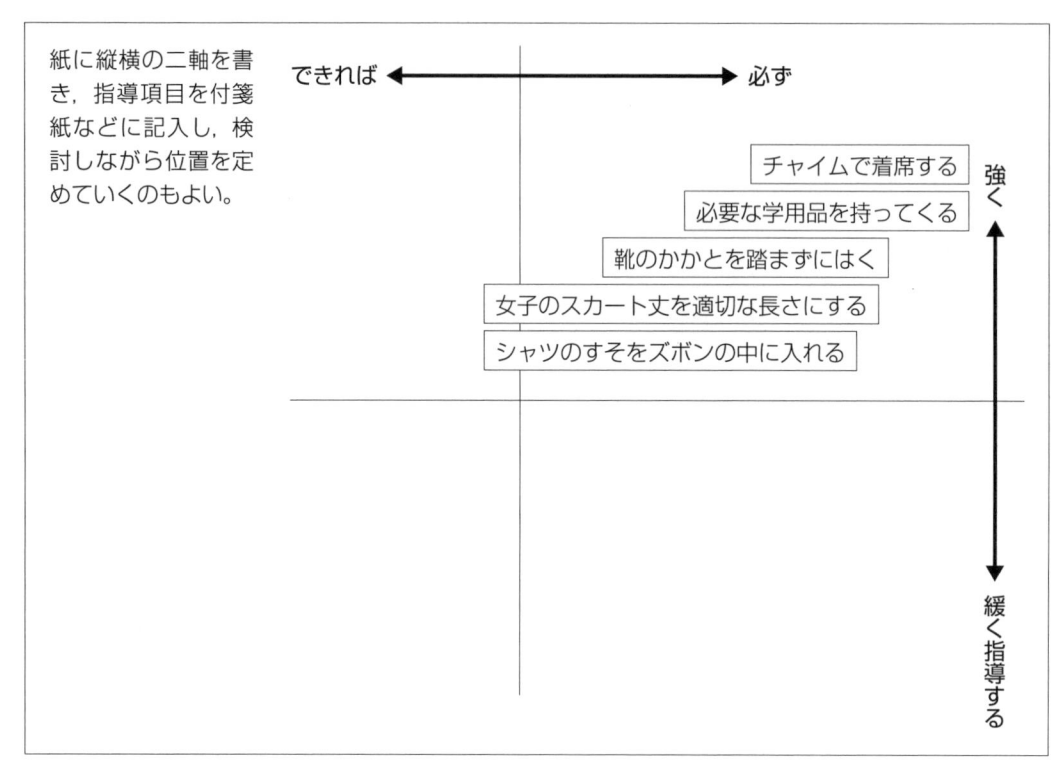

図3-3　指導の強さと必要性の程度を定めるための作業ボード

■ 考え方・必要性

　前述した「指導の基準」を用いた指導や「認める指導」を生徒指導の基本姿勢として推進することも、学校として一貫性のある指導をするという意味では、生徒指導のスタンダードの一部である。ここで述べる「日常のスタンダード」とは、日々の学校生活のなかで教師の指導方法や内容、指導の程度等を統一したほうが、生徒指導上よりいっそう効果的であると考えられることを全教師で検討し、必ずすべての教師が決定したように指導を徹

底することである。これは，学校の実態により異なることであるから，このようなものと限定することはむずかしいが，指導がそろっていないために児童生徒の問題行動やトラブルを誘発する可能性のあることについて，教師の指導をそろえようということである。

■「日常のスタンダード」がないとどうなるか

　給食準備中の時間帯は，児童生徒は手を洗って自席に着いて給食を取りにいく順番を静かに待つことがよいのであるが，荒れた学校の場合は，教室の外に出てトイレでたむろしたり，ほかの教室に入ったりして，そこでトラブルが起きることがある。児童生徒を教室に入れようとすると，児童生徒は「次の教科の持ち物を聞きにきました」などと言い訳をする場合がある。そこで，児童生徒が教室外に出歩く口実をなくすために，「給食準備中は教科の連絡に行かせない，もし児童生徒が連絡を聞きにきても，給食準備をするように指導する」ということを「日常のスタンダード」として申し合わせるのである。

　しかし，「日常のスタンダード」がなければどうなるか。給食準備中に，一方ではある教師が教室に入りなさいと指導している。しかし，他方では教科の連絡を児童生徒に伝えている教師もいる。教科の連絡を口実に教室外に出歩いている児童生徒もいる。つまり，「児童生徒を教室の中に入れる」ということが徹底できない。

　このように「日常のスタンダード」を作成する際に，「大切にする」という「指導の基準」≒ルールがあるとすれば，「時間を大切にするため」などと理由を説明することができる。児童生徒を指導する際には，「指導の基準」に準拠していたほうが行いやすい。

ステップ 4

1 準備の段階：（まず管理職が行うこと）

問題行動が起きたときの指導の構想を考える（問題行動のスタンダード）

【定義】「問題行動のスタンダード」

　「問題行動のスタンダード」とは，どのような問題行動が起きた場合，いつ・だれが・どこで・どのように・どの程度指導するかということを定めたものである。問題行動の指導は，児童生徒・保護者に不公平感を与えやすく，また歩調がそろっていないと教師間にも不満が起こりやすい。問題行動の指導に，個々の教師や学級，学年によって差異が出ないようにするためのものである。

■ このステップでの具体的なアウトプット

　ここで管理職がつくっておくものは，「問題行動のスタンダード」の構想である。自校で生じている児童生徒の問題行動をレベルⅠ，Ⅱ，Ⅲに分類し，その程度によって，いつ・どこで・だれが・どのように・どの程度指導するのかという判断基準を自校の実態に応じて作成する。そして，表3-6に示すような一覧表としてまとめておく。
　もう一つは，取組みの成果をどのようにして評価するかを考えておくことである。

表3-6 問題行動の指導スタンダード表（例）

程度	内容	いつ	どこで	だれが	どのように	どの程度
Ⅰ	例：居眠り 　　忘れ物 　　漫画の持ち込み	そのとき	その場で	授業担当者	口頭で	穏やかに注意
Ⅱ	例：授業中のいたずら	そのときと授業後	その場で職員室で	授業担当者	口頭で	穏やかに，理解できるように説諭する
Ⅲ	例：一方的な暴力	ただちに	別室で	生徒指導主任 学年主任 担任 管理職	事情を確認し，「振り返り用紙」を用いて	自分の誤りを理解させ，次はどのように行動するか考えさせ，相手に謝罪させる。保護者の来校を促し，協力を求める。保護者に相手家庭に謝罪してもらう。

■ ここで管理職が行うこと：「問題行動のスタンダード」の構想をつくる

To-Do-List

Check	管理職が行うこと
	①自校で生じている問題行動をレベルⅠ：軽微，レベルⅡ：中度，レベルⅢ：重大の3段階に分類する
	②問題行動の程度により，いつ・だれが・どのように・どの程度指導するかを定める
	③問題行動の指導に際しては，情報共有の方法と指示系統を明確にしておく
	④どのようなデータを用いて取組みの成果の検証をするのか検討する
	⑤可能ならば，取組み開始前にデータのベースラインをとる

① 自校で生じている問題行動をレベルⅠ：軽微，レベルⅡ：中度，レベルⅢ：重大の3段階に分類する

　児童生徒の問題行動への指導を明確にするため，問題行動をレベルⅠ：軽微，レベルⅡ：中度，レベルⅢ：重大の3段階に分類し，その程度によりどのように指導するかを定める。

　本書では，レベルⅠ：軽微は，違反物を持っていたり，授業中居眠りをしたりなど，その本人の範囲の問題であり，他者に直接的に迷惑をかけないもの，レベルⅡ：中度は，授業中に私語をして授業の妨害をしたり，他者に軽いいたずらをしたりなど，他者に迷惑はかけるが深刻な問題にならないもの，レベルⅢ：重大は，暴力や破壊，他人の物を盗むなど著しく他者に迷惑をかけたり，場合によれば法にふれたりするものと定めている。Ⅰ，Ⅱ，Ⅲそれぞれの定義は，自校の実情に合わせて変更してもかまわない。そして，自校で

起きている児童生徒の問題行動を概観し，Ⅰ，Ⅱ，Ⅲのどれにあたるかを分類する。

② 問題行動の程度により，いつ・だれが・どのように・どの程度指導するかを定める

さらに，Ⅰ，Ⅱ，Ⅲそれぞれの段階で，いつ・だれが・どのように・どの程度指導するのかを検討しておく。問題行動の指導も，ほかと同様にこの後の合意形成の段階において教師全員で協議する。そのためのガードレール（ガードレールについては p. 121 を参照）として管理職の考えをまとめておくのである。

③ 問題行動の指導に際しては，情報共有の方法と指示系統を明確にしておく

いうまでもないが，問題行動の指導に際しては，情報の共有と指示の一本化が大切である。例えば，問題行動が生じた際，短時間で生徒指導主任（担当）と該当する学年の教師全員を校長室に集め，いつ・どこで・だれが・何をしたのかなどを整理して全員で確認する。そして，前述のⅠ，Ⅱ，Ⅲにより，どのように指導するのかを判断し，管理職や生徒指導主任から指導の方針・方法を伝え，指導を行う。緊急で重大な事態であれば，短時間でも全職員を集める必要がある場合もある。緊急を要しない場合，ほかの教師には必ず翌朝の職員打ち合わせなどで，どのようなことが起きていて，どのように指導しているかなどを伝える。荒れた学校では，他学年で何か起きているようだが，何をしているかわからないなど，他学年を批判するようになる。そうしたことを防止するためにも必要なことである。

生徒指導のスタンダードは，自分だけでなくほかの教師も必ず同じように指導するというところに大きな意義がある。生徒指導のスタンダードがあることで，ほかの教師も自分と同じように指導していると，教師は児童生徒に対して自信をもって指導することができる。また，教師間に連帯感が生まれ，より協力的になれる。さらに，生徒指導のことを話

「問題行動のスタンダード」 作成のポイント

- 問題行動の指導も生徒指導のスタンダードの一部である。
- 児童生徒，保護者に不信感を与えないため，そして教師のやる気をそがないためにも必要である。
- 問題行動の指導を定めることは，学校として絶対に引けない点を示すことでもある。
- 自校で生じている問題行動を概観し，Ⅰ，Ⅱ，Ⅲに分類してみる。
- 問題行動の程度により，いつ・だれが・どこで・どのように・どの程度指導するかを検討する。
- 問題行動の指導では，情報の共有と流れ，指示系統の一本化が大切である。
- 生徒指導のスタンダードは，教師が自信をもって生徒指導するためのツールでもある。

題にしやすくなってくる,新任の教師や転任したての教師も迷うことが少なく生徒指導にあたれる,などの効果が期待できる。

④ どのようなデータを用いて取組みの成果の検証をするのか検討する

成果のこまめなフィードバックは教師の意欲向上につながる。どのようなデータを用いて取組みの成果を評価するか決めておくことが必要である。例えば,児童生徒が故意に破損した物の「修繕費」,「保健室の来室者数」などは,直接的ではないが学校秩序の指標になる。あるいは,問題行動の数を記録し,その内容をここで示している問題行動の段階で分類し,その割合で評価する方法もある。しかし,問題行動を記録するには労力もかかる。できるならば,日常的な取組みのなかで収集されたデータを利用して,あまり手間をかけずに取組みの成果が確認できるとよい。

⑤ 可能ならば,取組み開始前にデータのベースラインをとる

可能ならば,取組みを開始する前のデータをとっておくと,その後の成果が確認しやすい。しかし,そうした余裕のない場合は,ベースラインをとらず,介入後のデータの変化だけでもよい。

■ 考え方・必要性

問題行動の指導も生徒指導のスタンダードの一部である。秩序が乱れている学校では,児童生徒の問題行動が多く発生しているため,それをどのように指導するかは重要なことである。特に,問題行動の指導は児童生徒や保護者に不公平感を与えやすいものでもある。それだけに,児童生徒の問題行動が起きた場合,どのような問題なら,いつ・だれが・どのように・どの程度の指導を行うのかを明確にして,それを徹底することが重要である。

学校の状況(教師と児童生徒や保護者との関係)によっては,指導することが厳しい状況にあるかもしれない。しかし,重大な問題行動の場合,学校として引くことができないポイントもある。暴力など,ほかの児童生徒にけがをさせたり,著しく迷惑をかけたりしているのに,指導があいまいであったり,学年や学級によって指導の状況が異なれば,児童生徒,保護者に不信感をもたせるであろうが,さらに教師のやる気の低下にもかかわってくる。管理職として自校の状況を判断し,考えを整理しておくことが重要である。

また,成果を評価する場合,データのベースラインをとっておくことが可能であるのならば,取組みが開始される前にある一定期間のデータをとっておくのがよい。ベースラインは,取組みを始める前の状況を把握し,取組み後にそれがどの程度変化したかを見るためのものである。例えば,「保健室の来室者数」であれば,取組みを始める前のある一定期間の来室者数と取組み開始後の来室者数を比較する。しかし,学校が荒れた状態でベースラインをとっている余裕がない場合もある。その際は,実践しながら指標の変化を見て

いく。そうした意味でも何を評価の指標とするかを検討しておくことが必要である。

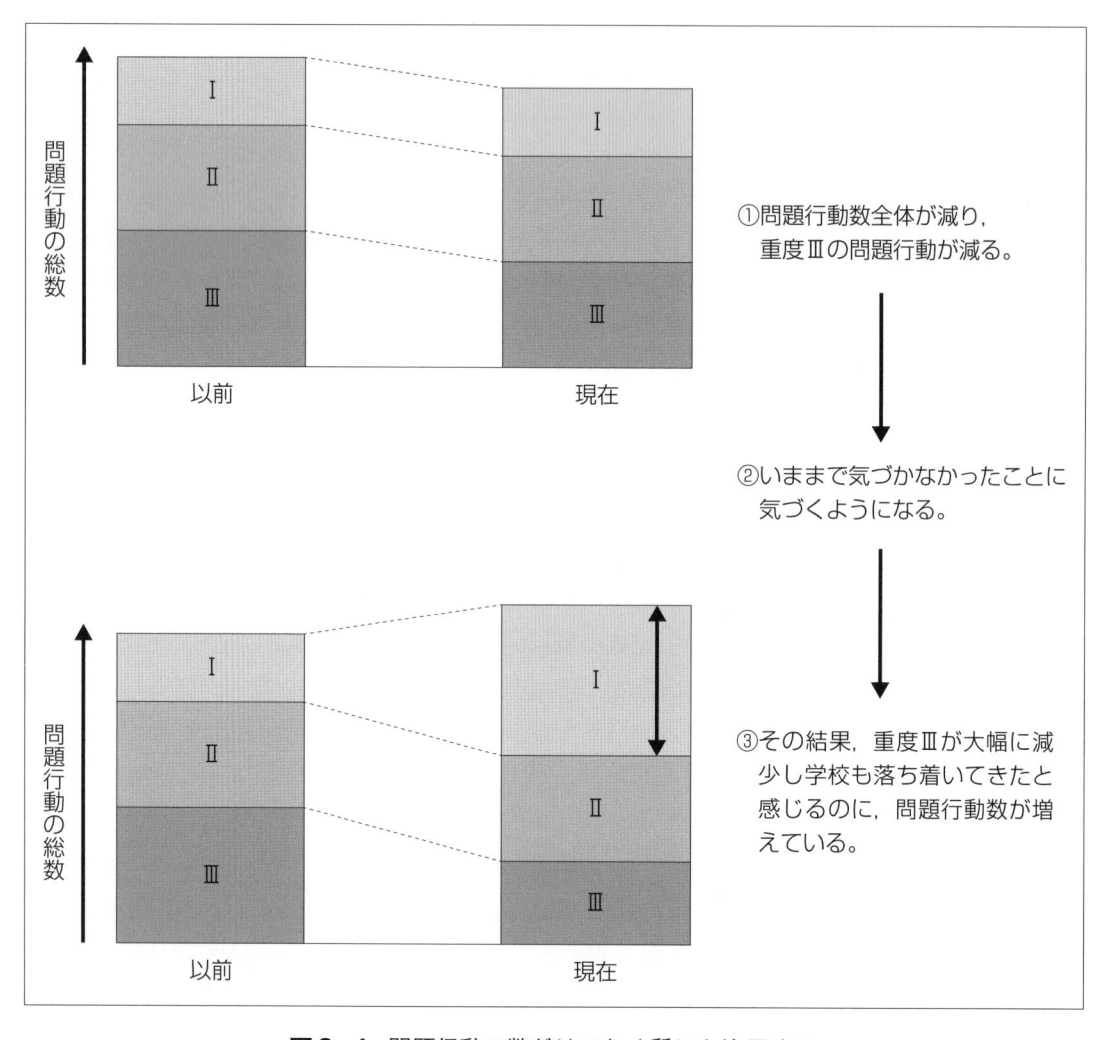

　問題行動の数を学校秩序の指標として用いる場合は注意が必要である。著者は，問題行動の3段階（Ⅰ，Ⅱ，Ⅲ）の分類のことを「問題行動の質」とよんでいる。問題行動の数が減少し，さらに重度の問題行動Ⅲが減少すると秩序はよくなってきているのであるが，Ⅲが目に見えて減り，教師の感覚としても学校が落ち着いてきているはずなのに，問題行動数が減らない場合がある。こういう場合は，ⅠやⅡが増えているのである。この現象を図示したのが図3-4である。実際に増えているかどうかは別にして，いままで教師が気づかなかった，あるいは気づいていても取り上げなかった，小さな問題行動に気づくようになった結果である。したがって，問題行動数を学校秩序の指標として用いる場合は，問題行動の質もあわせて見ることが必要である。さらに，問題行動の記録もどの問題行動がⅠ，Ⅱ，Ⅲのどれにあたるのかなどの判断が教師によって異なる可能性があるので，行動の定義はだれが見てもわかるものにしておくことが望ましい。

図3-4 問題行動の数だけでなく質にも注目する

コラム　～実際の学校現場では～　問題行動の指導方法

　著者は，前述のように問題行動をⅠ，Ⅱ，Ⅲの3段階に分類して，それに応じた指導内容を定めました。そのほかに，「振り返り用紙」という生徒に反省を促すための用紙を用いました。用紙の内容は，(a) その生徒がとった行動，(b) 学校のルールはどうであったか，(c) では，どう行動すればよかったのか，(d) 今後はどのように行動するか，(e) 保護者のコメント欄，(f) 学校側の確認印欄。自分の行動を振り返り，学校のルールと照らし合わせて，どうすればよかったかを考えさせるためのワークシートです。

　生徒によっては，自分で書けない者もいます。そのような場合は，教師が生徒の話を聞き出しながら，助言して記入させます。その際，学校のルールが言えたり，どうすればよかったのかなどが言えたりしたら，そこは認める（強化する）ポイントです。問題行動を起こす児童生徒は認められることが少ないので，**問題行動の指導場面も児童生徒を認める機会ととらえて積極的に活用します**。

　(f) については，あるものとないものと2パターン作成しました。確認印の欄は，担任・教科担任→学年主任→生活指導主任→教頭→校長としています。これは，担任だけでなく校長までこのことを知っているのですよ，ということを児童生徒や保護者に示すためです。問題行動の内容により，この2パターンの用紙を使い分けました。

ステップ 5　　　　　　1 準備の段階：（まず管理職が行うこと）

教師の指導から生徒同士の働きかけへと移行する「指導構造の変化」についての考え方と具体例を整理する

【定義】教師の指導から生徒同士の働きかけへと移行する「指導構造の変化」

　このステップは，オプションの位置づけで設定している。つまり，ステップ1〜4が十分浸透した時点で取り組むとさらによいだろうというものである。ここでいう「指導構造」とは，だれがだれに対して働きかけを行うかということを示している。通常，生徒指導は教師が児童生徒に対して働きかけ（指導や助言）を行う。しかし，学校生活のなかで，児童生徒同士が呼びかけあって行動を促す場面もある。このような生徒指導における人間関係の構造のことを，本書では「指導構造」とよんでいる。そして，教師が児童生徒に対して指導する関係を「垂直関係」，児童生徒同士が互いに働きかけをする関係を「水平関係」としている（原，1956）。以下，「指導構造の変化」とする。図3-5，3-6にそれぞれのイメージ図を示した。

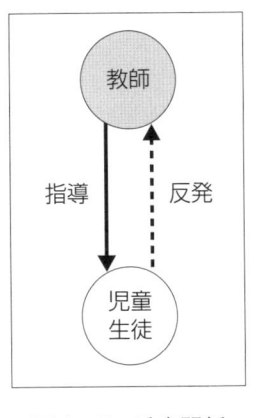

図3-5　垂直関係　　　　　　　　図3-6　水平関係

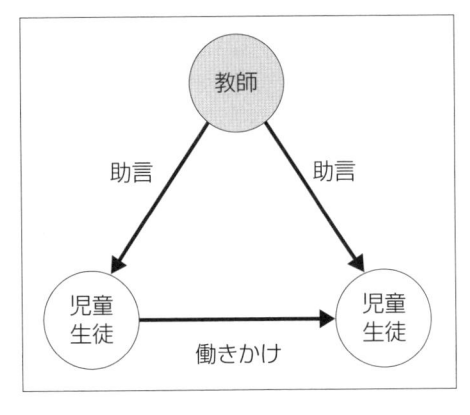

■ このステップでの具体的なアウトプット

　ここでのアウトプットは，水平構造へと変化させた指導体制である。学校がある程度落ち着き，次の段階に進もうというときのために，「指導構造」という考え方や自校で活用する例をまとめておく。そして，用いる場合は，ほかの取組みと同様に教師間での合意形成により自校でのやり方をつくり出す。

■ ここで管理職が行うこと：「指導構造の変化」についての考え方と具体例を整理する

To-Do-List

Check	管理職が行うこと
	①オプションなのでいますぐに準備をすることはない
	②「指導構造の変化」という考え方を，教師に説明できるように整理しておく
	③自校の指導場面で水平関係に移行したほうがよい場面を抽出する
	④考え方を整理し，どのような場面でできるかという大まかな例を考えておく

① オプションなのでいますぐに準備をすることはない

　このステップはオプションなので，いますぐに準備をすることはない。学校が落ち着いてきて，学校としては次の段階に進もうとする際に考えておくことである。

② 「指導構造の変化」という考え方を，教師に説明できるように整理しておく

　その際は，管理職として，「指導構造の変化」という考え方を生徒指導に導入するということを，教師に説明できるように整理しておくことが必要である。

③ 自校の指導場面で水平関係に移行したほうがよい場面を抽出する

そして，自校の行事や生徒指導の場面を俯瞰して，垂直関係ではなく水平関係に移行したほうがよい場面を抽出する。例えば，生徒朝礼の運営や進行，学年集会の運営や進行などを水平関係で実施する。最初は進行方法を教師がつくり，そのとおり児童生徒に行わせるのだが，しだいに児童生徒の考えを出させ，自分たちの考えで運営や進行ができるように指導していく。そして，実施する際は，全校の児童生徒が集まる場面，次の段階では学年のレベル，最後は学級や授業のレベル，というように大きな場面から小さな場面へ，多くの教師がいる場面から一人の教師の場面へと移行していく。

④ 考え方を整理し，どのような場面でできるかという大まかな例を考えておく

「指導構造の変化」を実際に導入する場合は，次の合意形成の段階で教師に投げかけ，教師のアイデアを生かして決定していく。したがって，この段階では，考え方を整理し，どのような場面でできるかという大まかな例を考えておく。

■ 考え方・必要性

このステップ5は，オプションのステップである。学校の秩序が回復し，さらに落ち着いて安定した学校をつくり上げる段階で導入するのがよい。

生徒指導では，他律から自律へ，自律から自立へという言い方をされることがある。他律は，他者に促されて何かを行うことである。自律は，他者から促されることなく，自ら必要を感じて行動することである。これらに対して自立は，他者の援助がなくとも，自分で状況を判断して最善の行動をとることである。これは，子どもの発達の段階をも表している。小学校の低学年では教師から促されていた行動も，中学年では自分からすすんでできるようになり，高学年ではある程度自分で判断して行動するようになる。中学校でも行動の程度に違いはあるが，学年進行にしたがって同様なことがいえる。つまり，「指導構造」も発達に応じて垂直関係から水平関係へ意図的に変化させていくのが自然である。そして，水平関係の延長線上には自治がある。しかし，学校での指導場面を見ていると，児童生徒の発達段階にかかわらず，いつまでも垂直関係を続けている場合がある。形式的には学級委員が号令をかけて学級の児童生徒を整列させていても，学級委員では整列させられず，教師が大きい声を出して整列させるなどという場面はよくあることである。

垂直関係がすべて悪いということではない。児童生徒の発達や状況によって，垂直関係がふさわしい場面がある。ここで述べたいのは，児童生徒の成長を促すために，意図的に「指導構造」を変化させるということである。垂直関係で行っていた指導を水平関係で行おうとすると，当然手間がかかる。教師の代わりとなる委員や係の児童生徒に対し十分な準備のための指導が必要になる。しかし，一度水平指導ができるようになると，さまざまなメリットがある。垂直関係では，常に教師対児童生徒の関係となるため，指導がうまくいっていないときは，教師に対して反発が起きやすい。しかし，水平関係の場合，教師は

「指導構造」のポイント

- 指導構造とは，生徒指導における人間関係の構造のことである。
- 教師が児童生徒を直接指導する関係を垂直関係という。
- 児童生徒同士の働きかけにより間接的に指導する関係を水平関係という。
- 垂直関係，水平関係のどちらがよく，どちらが悪いということではない。
- 場面や発達段階に応じて指導構造を効果的に変化させる。
- 児童生徒の成長は，他律→自律→自立といわれることがある。
- 他律→自律→自立に合わせて，指導構造を垂直関係から水平関係へ変化させる。
- 垂直関係は，教師と児童生徒の関係が対立関係になりやすいことがある。
- 水平関係は，下級生が上級生を尊敬できる学校づくりに生かせる。
- 指導構造の変化は，大きい集団の場面から始めて，しだいに小さな集団へ移行させる。
- 児童生徒の働きかけをする役割は，場面に応じて交代させる。
- 指導構造の変化は，リーダーシップとそれを援助する関係の学習でもある。

働きかける側の児童生徒と働きかけを受ける側の児童生徒に対し公平な立場であるから，教師対児童生徒の直接の対立関係がつくられにくい。さらに，水平関係がうまく機能するようになれば，上級生が下級生の見本となり，さまざまな働きかけができるようになる。例えば，新入生が入学した際，前述した「行動のルール」について最上級生が新入生に説明することができる。下級生が上級生を尊敬できることは，学校として理想的な姿である。働きかける役割の者は，働きかけを熱心にすればするほど，自分が他者に対して働きかけている内容についての重要性を感じるようになる心の動きがある。したがって，いつも同じ児童生徒が働きかけ役をするのではなく，場面や内容によって入れ替わり，多くの児童生徒が働きかけの役割を経験できることがよい。また，これは，児童生徒がリーダーシップを発揮する立場とそれに協力する立場を理解し，それぞれの立場で行動できるようになるための学習でもある。

例えば新入生オリエンテーションの際に上級生が新入生に対して自校の「ルール」について説明する。児童会や生徒会が主催する朝礼の企画や進行を児童生徒に任せる。学年集会などでは，学級委員会のメンバーに学年集会の目的やねらいを伝え，どのように運営するとよいか考えさせ，当日進行も任せるなどする。

ステップ 6

2 合意形成の段階：（管理職と教師間で行うこと）

管理職の方針を教師に提示する

■ このステップでの具体的なアウトプット

　このステップで実施するのは，学校立て直しに向けた，管理職の方針や計画を教師に提示することである。そこで，教師に学校立て直しの方針や方策を示すための研修会を実施する。教師に説明する前に，リーダー級の教師に説明し，理解と協力を求める。そして，リーダー級の教師を役割分担し，研修会の企画，実施，準備等を任せる。

■ ここで管理職が行うこと：管理職の方針を教師に提示する

To-Do-List

Check	管理職が行うこと
	①教師に示す前段としてリーダー級の教師に説明し理解と協力を求める
	②教師への説明を行うために，リーダー級の教師の役割分担をする
	③教師に説明するための研修会の企画と実施を，リーダー級の教師に要請する
	④研修会で使用する資料（スクールワイドPBSの資料や実施のための計画など）を準備する
	⑤研修会を実施し，学校立て直しに向けて全校体制で取り組む方針を全教師に示す

ここで管理職がすることは，大きく二つである。一つは，全教師に示す前段としてリーダー級の教師の理解と協力を求める。そして，もう一つは，スクールワイドPBSを用いて学校立て直しに全校体制で取り組むという自分の考えを全教師に語り，方針を定めて教師全体の動機づけを行うことである。また，スクールワイドPBSとはどのようなもので，今後どのようにして取り組んでいくかを示すことである。

① 教師に示す前段としてリーダー級の教師に説明し理解と協力を求める

　管理職は，リーダー級の教師に説明する際，学校立て直しへの想いについて，そしてスクールワイドPBSの構成要素である「指導の基準」，「認める指導」，「日常のスタンダード」，「問題行動のスタンダード」などについての考え方や内容を伝えながら，自らの考えを示す。そして，学校立て直しに向けてリーダー級の教師に理解と協力を求める。

② 教師への説明を行うために，リーダー級の教師の役割分担をする

　リーダー級の教師の理解と協力を得ることができたら，全教師に対して説明するための研修会の企画や資料の準備など，リーダー級の教師の役割分担をする。

③ 教師に説明するための研修会の企画と実施を，リーダー級の教師に要請する

　学校立て直しの方針やスクールワイドPBSという方法を用いるという方針を，どのような場面や日程で全体の教師に示していくかなどという具体的な計画は，リーダー級の教師の意見を取り入れて決定していく。教師に動機づけを行うポイントは，いかに参画させるかである。任せてよいところは，できるだけ教師の意見を取り入れていく。

④ 研修会で使用する資料（スクールワイドPBSの資料や実施のための計画など）を準備する

　スクールワイドPBSの構造や考え方を説明するための資料は，準備の段階で管理職の考えをまとめたものを準備しておく。

⑤ 研修会を実施し，学校立て直しに向けて全校体制で取り組む方針を全教師に示す

　リーダー級の教師に対しての説明が終われば，次は全教師に対しての方針の提示とスクールワイドPBSの説明である。このときもリーダー級の教師に説明したのと同様に行えばよいのだが，できれば管理職は，学校立て直しの方針とスクールワイドPBSという方法を用いるという大まかなところを語り，スクールワイドPBSの詳しい内容や今後の進め方については，リーダー級の教師に説明してもらうほうがよい。この研修会では，学校立て直しに向けてスクールワイドPBSを用いること，スクールワイドPBSとはどのようなものであるか，そして今後どのような計画で進めていくかなどを全教師に示す。

　ここでは，ある程度年齢が上で，経験のあるリーダー級の教師がいるという前提で話を

進めているが，学校により教師の年齢層，経験年数などさまざまな事情があると考えられる。実際には，学校の実情に合わせて，中心となって活動できる推進役となる教師を定めればよい。

■ 考え方・必要性

このステップは，スクールワイドPBSの実質上のスタートである。チーム・ビルディングのスタートともいえる。わざわざ方針など示さなくとも，経営方針で述べていると思われる方もいるかもしれない。このステップは，全職員に対して管理職の学校立て直しに対する想いを述べるとともに，スクールワイドPBSという方法を示し協力を求める機会である。

学校の秩序が乱れている場合，ある事件を指導している間に次の事件が起こり，対応が後手になってくる。しだいに教師は疲れきり，士気が下がってくる。教師の団結は弱まり，他学年やほかの教師の指導を批判するなど，学校がまとまらなくなってくる。管理職もそのつど指示は出していても，結果的にその場その場の対応に終わっている場合があり，教師に学校を立て直す見通しをうまく示せていないことがある。何をやってもうまくいかない。そうした徒労感やあきらめが教師間に出てくる。

管理職としては，そうした雰囲気を一掃し，学校立て直しに向けて教師の気持ちを一つの方向に向けることが重要である。また，そのためには，これならうまくいくかもしれないという期待感も必要である。スクールワイドPBSという考え方や方法を用いて，管理職と教師が協力して学校を立て直そうというきっかけをつくる。

スクールワイドPBSのなかの多くの部分は，教師としてなじみのある考え方ではないかと思われる。しかし，応用行動分析学や構成的グループエンカウンターなどになじみのない教師がいて研修が必要であれば，合意形成の段階で専門家を講師に招いて，知識やスキルを習得するための研修をあわせて行うこともできる。

ステップ6～ステップ10までは，数回の研修会などとして行うことになる。進行によって1回の研修会で複数のステップを行うこともある。ステップ7以降は教師を班に分けて協議する場面もあるので，事前に教師をいくつかの班に分けておく。

ステップ 7

2 合意形成の段階：（管理職と教師間で行うこと）

管理職と教師間での課題の共有

■ このステップでの具体的なアウトプット

　教師を班に分け，管理職が準備段階で行ったのと同様に，班で自校の課題・児童生徒の問題行動を思いつくだけ付箋紙に書き出していく。そして，出てきた問題行動を親和図法でまとめてグループ化する。さらに，グループになったものにそれを代表するようなタイトルをつける。班ごとの作業が一段落したら，班で出た意見を発表し全体で共有する。

■ ここで管理職が行うこと：教師間での課題の共有

To-Do-List

Check	管理職が行うこと
	①校長・教頭も班の一員として教師と一緒に課題のグループ分けをする
	②準備段階で用意した自分の考えを出し，教師の考えをよく聞いて課題をまとめていく
	③全体で課題を共有する段階で，うまくまとまるようにリードしながら助言をする
	④次の「解決像の共有」ステップとあわせて行ってもよい

① 校長・教頭も班の一員として教師と一緒に課題のグループ分けをする

　全体の進行はリーダー級（例えば教務主任，生徒指導主任，研究主任など，自校の実情に合わせて）の教師に任せ，校長も班のいずれかに属し，班の一員として教師と一緒に問題行動を出し，グループ分けをする。ここでは校長も一教師として参加し，ほかの教師と一緒に考える。もちろん教頭（または副校長）もほかの班に参加する。

② 準備段階で用意した自分の考えを出し，教師の考えをよく聞いて課題をまとめていく

　管理職は，準備段階で用意した自分の考えを出しながら，教師の考えをよく聞いて課題をまとめていく。

③ 全体で課題を共有する段階で，うまくまとまるようにリードしながら助言をする

　作業が終わり，班ごとに発表して全体で課題を共有する段階で，事前に管理職が準備段階で考えてグループ分けしたものやキーワードを用いてうまくリードしながらまとまるように助言する。

④ 次の「解決像の共有」ステップとあわせて行ってもよい

　課題の共有と解決像の共有は同じ作業方法であり，連続して行ったほうが作業しやすい。時間が許せば，次のステップとセットで同じ研修会のなかで連続して行うとよい。

■ 考え方・必要性

　このステップでは，管理職と教師の間で自校の課題を共有する。自校の児童生徒の課題は何なのか，自分たちの指導の何がうまくいっていないのか，どのような点で困っているのかなどを，管理職と教師が出し合って共有し，確認する。この作業は，次の解決像をつくるためであり，最終的に「指導の基準」を作成するためのものである。まず現状を確認し，出発点を明確にするために必要な作業である。次のステップである解決像の共有も一連の作業と考えられるので，同じ研修会のなかでやってもかまわない。

　何かを決定していく過程で，そのことに関して考え，何らかの方法で自分の考えを表明することは，教師の自我関与を高め，スクールワイド PBS を継続していくうえでも有効である。各グループのなかにはできるだけリーダー級の教師が入るようにするが，グループのまとめ役は必要に応じてリーダー級の教師が助言し，やる気のある若手の教師に任せてもよい。

ステップ8 2 合意形成の段階：(管理職と教師間で行うこと)

管理職と教師間での解決像の共有

■ このステップでの具体的なアウトプット

　自校の課題が解決した後の学校や児童生徒の姿，または，めざす児童生徒像，めざす学校像などのイメージを作成する。ステップ7でグループ分けした課題ごとに，解決したときのイメージをつくる。この課題が解決してどのような児童生徒たちや学校にしたいのかである。解決のイメージは，この後の「指導の基準」，「認める指導」，「日常のスタンダード」，「問題行動のスタンダード」などを決める際のガイドラインとなる。

　例えば，図3-7の例で示したように……
○破壊・暴力的→穏やか，やさしい，人の気持ちを大切にする
○我慢できない・衝動的→自分の感情や行動を律し，冷静に行動できる　など

　自校の課題から，全教師で検討してつくられたものならばなんでもよい。グループ分けした課題ごとにつくる。

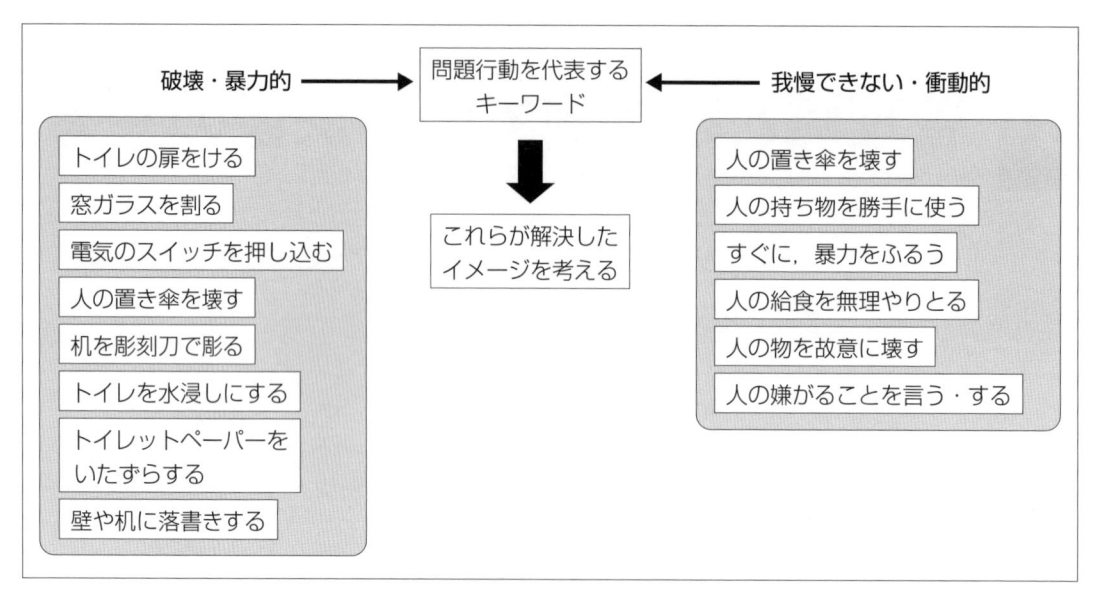

```
                    破壊・暴力的  →  問題行動を代表する  ←  我慢できない・衝動的
                                      キーワード
   ┌─────────────────┐                  ↓                 ┌─────────────────┐
   │ トイレの扉をける     │                                    │ 人の置き傘を壊す     │
   │ 窓ガラスを割る       │           これらが解決した              │ 人の持ち物を勝手に使う │
   │ 電気のスイッチを押し込む │           イメージを考える             │ すぐに，暴力をふるう   │
   │ 人の置き傘を壊す     │                                    │ 人の給食を無理やりとる │
   │ 机を彫刻刀で彫る     │                                    │ 人の物を故意に壊す   │
   │ トイレを水浸しにする   │                                    │ 人の嫌がることを言う・する │
   │ トイレットペーパーを    │                                    └─────────────────┘
   │ いたずらする         │
   │ 壁や机に落書きする    │
   └─────────────────┘
```

図3-7 教師と管理職で解決像をつくり出す例

■ ここで管理職が行うこと：管理職と教師間での解決像の共有

To-Do-List

Check	管理職が行うこと
	①校長・教頭は教師と一緒にグループ分けした課題ごとに解決像を考える
	②課題を解決し，最終的にどんな学校にしたいのか，自校の目標を中長期的に考える
	③全体で解決像をまとめる際に，自分の考えをもとにうまくリードしてまとめる
	④教師から出た意見はなるべく生かせるようにうまくリフレーミングする*

① 校長・教頭は教師と一緒にグループ分けした課題ごとに解決像を考える

　ここでも前のステップと同様に，校長・教頭は教師と一緒に解決像を検討する。これらのステップでは，教師がいかに活発に意見を出し合うかが大切である。

② 課題を解決し，最終的にどんな学校にしたいのか，自校の目標を中長期的に考える

　全教師であげた課題がなくなるだけではなく，解決した後どのような学校にしていきたいかを考える。最終的に自分たちが教師としてどのような学校をめざすのかである。ある程度先の未来であるから，すぐに実現できるものでなくてよい。

③ 全体で解決像をまとめる際に，自分の考えをもとにうまくリードしてまとめる

　管理職は，自分の考えを示しながらも，教師が活発に意見を出しやすい雰囲気づくりを

する。前のステップと同じように，班の意見を発表し，全体で解決像をまとめる際に，管理職は事前に検討した自分の考えをもとにうまくリードしてまとめていく。

④ 教師から出た意見はなるべく生かせるようにうまくリフレーミングする

その際に，教師から出た意見はなるべく生かせるようにうまくリフレーミングする。このステップは，教師の参画を促すためのステップであるから，できるかぎり教師の意見を採用できるとよい。

＊リフレーミングとは，価値観の枠組み（フレーム）をいったんはずして，別の枠組みで見てみること。視点を変えること。例えばコップに半分水が入っているとき，「半分しかない」→「半分もある」と切り替えるなど。

■ 考え方・必要性

このステップでは，前のステップでグループ分けした自校の課題を解決し，どのような児童生徒，学校にしたいかというイメージをつくり上げる。「児童生徒の暴力が多いから暴力がなくなればよい」などのように直接的なことよりも，現在の課題を解決して最終的に「どんな学校にしたいのか」，「どんな子どもたちに育てたいのか」といった自校の目標をもう少し中長期的に考える作業である。

学校の秩序が乱れている場合，目の前で起きている事件の指導に気をとられて，本来自分たちがめざしていることを忘れがちになる。ここはそれを再認識するステップである。自校の生徒指導について課題の解決像を明確にし，本来自分たちは何をめざしていて，それを達成するための第一歩として何をするのかを再確認して共有する作業である。

ステップ 9

2 合意形成の段階：（管理職と教師間で行うこと）

解決策を教師に要請する
（四つの要素の決定）

■ このステップでの具体的なアウトプット

　このステップでのアウトプットは，解決の方策を教師に要請し，最終的には四つの要素を検討して決定することである。ただ，決定することだけではなく，ここでは管理職が教師に対して「要請する」ところに意味がある。参画型のマネジメントでボトムアップを要求している。これで教師から案が出なければ管理職は自分の用意した案を用いていく。

■ ここで管理職が行うこと：解決の方策を教師に要請する

To-Do-List

Check	管理職が行うこと
	①方策の具体的な内容を決定するための手順と手だてを全体に示す
	②リーダー級の教師の意見を聞き，検討するプロジェクトチームを編成する
	③意欲があり建設的な意見をもっている若手は積極的にメンバーに入れる
	④プロジェクトチームでスクールワイド PBS の四つの要素の内容を検討し，原案を作成する

① 方策の具体的な内容を決定するための手順と手だてを全体に示す

　管理職は，学校立て直しとスクールワイド PBS を用いるという方針を示し，教師と一緒に自校の課題を解決するための大きな方向性をつくってきた。残るは，方策の具体的な内容をどうするかである。管理職は，校内のリーダー級の教師と協議して，方策の具体的な内容を決定するための手順と手だてを全体に示していく。

② リーダー級の教師の意見を聞き，検討するプロジェクトチームを編成する

　ここまで研修会で全体の教師の意見は聞いてきているので，方策の検討は全体ではなくプロジェクトチームで行う。プロジェクトチームで検討し，そこから企画調整委員会や職員会議などに提案をして全体で確認する。どういう組織で検討するのか，そして検討の手順については，各学校の実情に合わせて行う。ここで検討する事項は，いままでのような「考え方」ではなく，実際の指導に関することである。

③ 意欲があり建設的な意見をもっている若手は積極的にメンバーに入れる

　検討するプロジェクトチームのメンバーは，リーダー級の教師の意見を聞いて編成する。その際，意欲的な若手は積極的にメンバーに入れる。プロジェクトチームには，リーダー級の教師や管理職も入ってよい。また，リーダー級の教師の助言のもとでOJT（On the Job Training　仕事遂行を通して訓練すること）も兼ね，若手の教師をプロジェクトチームの責任者として起用し，モチベーションを上げるのもよい。

④ プロジェクトチームでスクールワイド PBS の四つの要素の内容を検討し，原案を作成する

　プロジェクトチームで何回か会議を行い，スクールワイド PBS の四つの要素の内容を検討し，原案を作成する。（全教師が集まっての会議ではないので，授業がない時間，放課後の時間などを活用する。）まとまった原案を提示する。

■ 考え方・必要性

　ステップ9，10の二つのステップは，ステップ6から進めてきたチーム・ビルディングの仕上げである。前のステップで作成した解決像は，具体的な方策をつくる際のガードレールである。このガードレールのなかで，全教師がアイデアを出し合って方策を検討し決定していく。検討項目は，「指導の基準」，「認める指導」，「日常のスタンダード」，「問題行動のスタンダード」である。このステップでは，管理職が全教師に対して方策の検討（四つの要素の原案作成）を要請する。スクールワイド PBS は，学校として一貫性のある生徒指導を行うためのものである。実施する際には，すべての教師が協力して決定した内容にしたがって指導していくことが重要である。実践の段階で，すべての教師が決定した事柄にしたがって確実に指導していくためにも，教師が方策の決定にかかわるのは大変重要なことである。

　管理職のリーダーシップのとり方として，強く方策を示す方法（トップダウン）もある。ここでは，教師が管理職の示した方策の意義や内容をよく理解し，実践の段階での指導方法や内容を徹底して，生徒指導にダブル・スタンダードを起こさせないことをねらいにしている。そのため，合意形成の段階では，実施する方策の検討や決定に教師が関与し，その方策にコミットすることで，全校で一致した指導体制をつくることを意図している。

ステップ10 ❷合意形成の段階：（管理職と教師間で行うこと）

「指導の基準」「認める指導」「日常のスタンダード」「問題行動のスタンダード」の四要素の決定

■ このステップでの具体的なアウトプット

　このステップで完成させるものは，以下のとおりである。
①四つの要素の具体的内容の決定
・「指導の基準」：児童生徒に示すために，ルールとして用いるような言葉遣いにする。
・「認める指導」：児童生徒同士の認め合いの体験活動，教師と児童生徒の信頼関係を深められる体験活動。
・「日常のスタンダード」：特に強化したい行動，特に統一したい教師の指導行動。
・「問題行動のスタンダード」：問題行動が生じた際の指導の仕方（いつ・どこで・だれが・どのように・どの程度）。
②「協働体制」：作業を通して，管理職，教師間に協働体制をつくる。

　合意形成の段階は，スクールワイドPBSに用いるためのツールを作成する段階であるが，同時に学校の教師間に協働体制をつくり上げるための期間でもある。ツールと体制の両者がそろって，学校立て直しのための強力な方策となる。

ここで管理職が行うこと：四要素の決定

To-Do-List

Check	管理職が行うこと
	①まずプロジェクトチームのアイデアをしっかり引き出す
	②教師から具体的な意見が出なければ，準備の段階で管理職が考えたことを提案する
	③教師のよい案や構想にそった案は積極的に取り上げる
	④朝の打ち合わせやまとめのプリントで，途中経過を全教師にこまめに伝える
	⑤提案されたことに対して教師が意見を述べる機会をつくる
	⑥スクールワイドPBSの四つの要素の内容を決定する

① まずプロジェクトチームのアイデアをしっかり引き出す

② 教師から具体的な意見が出なければ，準備の段階で管理職が考えたことを提案する

　管理職は，プロジェクトチームの一員として方策の検討に参加し，教師から具体的な意見がなかなか出なければ，準備の段階で自分が考えたことを提案する。最初から自分の考えを示すのではなく，時間をかけても教師からなかなかよい案が出てこない場合に行う。

③ 教師のよい案や構想にそった案は積極的に取り上げる

　しかし，管理職の提案から教師が発想し，もっとよいものが提案されたり，管理職が準備段階で考えた構想にそったことが提案されたりすれば，教師の意見を積極的に取り上げる。管理職は，教師が自分たちでつくり上げているという雰囲気をつくる。

④ 朝の打ち合わせやまとめのプリントで，途中経過を全教師にこまめに伝える

　プロジェクトチームから提案されたことは，企画調整会議や分掌会議，学年会などを利用し，必ず全教師に知らせ，意見を求める。学校では，なかなか会議の時間を確保することができない。そこで，朝の打ち合わせでの短い報告，プリントにまとめての報告，学年会など，既存の会議や文書を用いて必ず途中経過を報告する。

⑤ 提案されたことに対して教師が意見を述べる機会をつくる

　途中経過を知らせ，それについて意見を述べる機会をつくることは，全教師が結果にコミットする意味でも大切な手順である。細かな調整はプロジェクトチームに委任してもらい，大きな枠組みの決定では必ず全教師が何らかの方法で意見を述べる機会をつくることが大切である。

⑥ スクールワイドPBSの四つの要素の内容を決定する

　プロジェクトチームは，教師から出た意見をもとに修正案を作成し，再提案する。この

手順を何度か繰り返し，四つの要素の内容を決定する。図3-8はこの流れを示したものである。

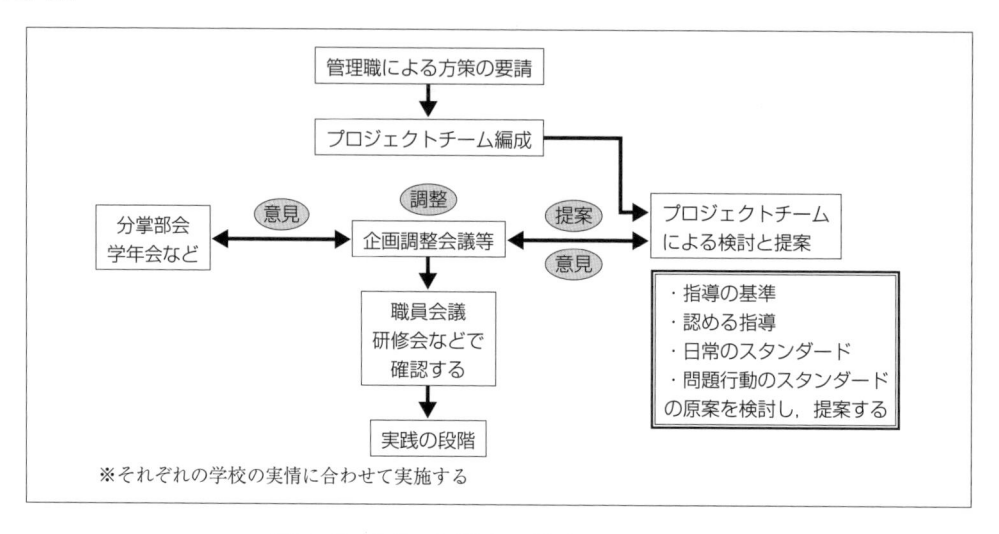

図3-8 方策の要請から決定までの手順例

■ 考え方・必要性

ここでは，「指導の基準」，「認める指導」，「日常のスタンダード」，「問題行動のスタンダード」について検討し，具体的内容について決定する。まずスクールワイドPBSの軸である「指導の基準」を定め，それに関連づけながらそのほかのものについても検討していく。「指導の基準」は，自校の課題を解決するのに有効であること，児童生徒の望ましい行動の強化に使いやすいこと，学校生活のさまざまな場面で活用できることなどに留意して決定するとよい。その際に，「指導の基準」をどのような場面，あるいは場所で用いるのかも決定しておく。例えば，授業中・休み時間・給食中・放課後・すべての場面などと定めてもよいし，教室・校庭・廊下・体育館・校外などと場所に定めてもよい。どのような設定にするかは，教師が話し合って定める。検討はプロジェクトチームにより行うが，検討している経過は朝の打ち合わせでの報告や，簡単な会議のまとめを出すなどして全教師に必ず知らせる。決定していく段階では，企画調整委員会などでチームリーダーが報告し，そこから各学年会などに伝えて意見を求めるなどの手続きを行ったうえで，最終的に職員会議など全教師が集まる場で確認して決定する。一例として手順を示したが，学校ごとに組織や事情が異なるであろう。学校の実情に合わせて決定していけばよいが，大切なことは，途中経過をこまめに全体に伝えることと，ポイントとなる点では学年会などを利用して意見を述べる機会をつくることである。

最終的に自分たちが考えてつくり上げたものであるという感覚がもてることが大変重要である。検討や決定に関与したという意識のあるなしは，この後の実践に大きく影響する。自分たちがつくり上げたという意識があるからこそ，実践していることの意義を理解して真剣に取り組むことができる（この点については，p. 124のコラムも参照されたい）。

ステップ11

❸ 実践の段階：(児童生徒・保護者にも公開して実践)

児童生徒を「ルール」づくりに関与させる

■ このステップでの具体的なアウトプット

　このステップで作成するものは，学校の「ルール」である。これは前述のとおり，「指導の基準」に基づくもので，児童生徒の側からみた場合には守らなければならない「ルール」となる。また，この「ルール」の作成や決定に児童生徒を関与させる過程を通して，教師と児童生徒が協力して学校をよくしていくという枠組みをつくり上げる。作成する方法は，これまでに繰り返してきたのと同様の手順である。

　児童生徒を関与させ，「指導の基準」をもとにした「ルール」を作成する。「指導の基準」と「ルール」は，ほぼ同じもので，児童生徒に示す場合に，「指導の基準」を児童生徒が理解しやすい表現に変えて「ルール」とする。

■ ここで管理職が行うこと：児童生徒を「ルール」づくりに関与させる

To-Do-List

Check	管理職が行うこと
	①代表の児童生徒と教師とで「ルール」作成のための会議を行う
	②学校生活で嫌なこと，困っていること，問題だと思うことを親和図法でまとめる
	③こんな学校になってほしい，こんな学校生活にしたいという解決像を考える
	④解決像を実現するために必要な「ルール」を作成する
	⑤児童生徒の意見をリフレーミングし，「指導の基準」に合うよう整理する
	⑥「指導の基準」に準拠した「ルール」を完成させる

① 代表の児童生徒と教師とで「ルール」作成のための会議を行う

このステップは、児童生徒の指導場面であるから、基本的には教師が中心になって指導する。学校として重要な取組みだということを強調するために、指導の場面に校長や教頭が同席し、必要に応じて助言する。

ここで行うのは、児童生徒を「ルール」づくりに関与させることである。児童生徒全員を直接かかわらせることはむずかしい。したがって、「ルール」を作成する段階では、児童会・生徒会の役員など、代表の児童生徒をかかわらせるのがよい。指導担当には、児童会・生徒会を担当する教師と生活指導主任などに加えて、校長や教頭も参加する。

② 学校生活で嫌なこと、困っていること、問題だと思うことを親和図法でまとめる

「ルール」を作成していく作業は、教師を対象に行った課題・解決像の共有と同じである。付箋紙を用いて、学校生活で嫌なこと、困っていること、問題だと思うこと（課題）などをあげ、それを親和図法でグループ分けする。

③ こんな学校になってほしい、こんな学校生活にしたいという解決像を考える

グループ分けした課題ごとに、こんな学校になってほしい、こんな学校生活にしたいという解決像をつくる。

④ 解決像を実現するために必要な「ルール」を作成する

児童生徒から出てきた解決像を実現するために、自分たちの学校にはどのような「ルール」が必要なのかを教師と児童生徒で一緒に考え、つくり上げていく。

⑤ 児童生徒の意見をリフレーミングし、「指導の基準」に合うよう整理する

児童生徒からはさまざまな表現で課題・解決像が出てくるだろうが、管理職や教師がうまくリフレーミングし、合意形成の段階で作成した「指導の基準」とうまく整合するように児童生徒の意見を整理する。

⑥ 「指導の基準」に準拠した「ルール」を完成させる

最終的に、「指導の基準」に準拠した、児童生徒にとってわかりやすい言葉で表現された「ルール」を完成させる。

■ 考え方・必要性

　児童生徒の関与は大変重要なポイントである。児童生徒が「ルール」（「指導の基準」のこと）の決定にかかわったかどうかで，児童生徒が「ルール」を守ろうとするかが変わってくる。人は，最初に表明した態度を継続しようとする心理的な傾向があるため，児童生徒が「ルール」の作成や決定に何らかの方法でかかわれるように指導することで，児童生徒に「ルール」を守ろうとする態度をつくることができる。

　学校が荒れている場合，どうしても問題行動を起こす児童生徒にばかり目がいってしまいがちであるが，実際には，問題行動を起こさない児童生徒のほうが多くいる。そうした児童生徒は，学校の状況に不満をもっているであろうし，落ち着いた学校になってほしいと願っている。しかし，問題行動を起こす児童生徒の暴力や乱暴な言動に対して恐怖を感じ，声を出せないでいる。児童生徒に学校を立て直すための取組みを説明し，「ルール」づくりに関与させるということは，「先生たちは，落ち着いた学校をつくるために協力してこのような取組みをする」と宣言することでもあり，問題行動を起こしていない児童生徒の声を聞くということである。教師が落ち着いた学校にすると児童生徒に宣言し，教師と児童生徒で協働体制をつくるためのきっかけとなるステップである。

ステップ 12

3 実践の段階：（児童生徒・保護者にも公開して実践）

学校全体（スクールワイド）での方策の実施

■ このステップでの具体的なアウトプット

　このステップでは，「ルール」の決定に児童生徒を関与させるための最終手続きとして，児童・生徒総会や全校集会を実施する。また，「ルール」についてのオリエンテーションを行う。さらに，「ルール」を全校児童生徒に理解させるために，道徳授業などを活用する。

■ ここで管理職が行うこと：学校全体での方策の実施

To-Do-List

Check	管理職が行うこと
	①児童・生徒総会などで全校児童生徒が「ルール」を確認する機会をつくる
	②児童生徒向けに「ルール」の理解を促すためのオリエンテーションを行う
	③道徳授業などで「ルール」を児童生徒の生活にあてはめて具体的に考えさせる
	④PTAの会長等に学校が行うことを説明し，理解と協力を求める
	⑤さまざまな活動とスクールワイドPBSを連動させる

① 児童・生徒総会などで全校児童生徒が「ルール」を確認する機会をつくる

児童・生徒総会を活用し，本部役員からの提案として「ルール」を提示し，全校で承認したという手続きをとる。これは，児童生徒を「ルール」の決定に関与させるための手続きである。管理職は，このような機会に，児童生徒と教師が協力してつくった「ルール」を尊重し，協力してよりよい学校づくりをすることを全校に宣言する。問題行動を起こさない大多数の児童生徒を動かすきっかけである。

② 児童生徒向けに「ルール」の理解を促すためのオリエンテーションを行う

児童生徒向けに「ルール」の理解を促すためのオリエンテーションを行う。教師が落ち着いた学校づくりのために取り組むということや，そのために教師と児童生徒で作成した「ルール」を用いること，「ルール」の用い方などを説明する。オリエンテーションの実施方法に，特にきまりはない。学校事情により，全校で行うか，学年で行うかを決める。学校の秩序状態があまりよくない場合は，学年別に実施したほうがよい。可能であれば，児童生徒をオリエンテーションの進行役として実施する。教師と児童生徒が一緒に取り組む形式が望ましい。オリエンテーションを実施する際，児童会・生徒会の役員や学級委員などと教師でロールプレイをしてみせるのもよい。

③ 道徳授業などで「ルール」を児童生徒の生活にあてはめて具体的に考えさせる

児童生徒が，「ルール」を自分たちの学校生活にあてはめ，どのように行動すればよいのかを考えていく指導をする。作成された「ルール」と関連のある道徳の内容を選び，道徳の授業として児童生徒の「ルール」への理解を深める。

④ PTAの会長等に学校が行うことを説明し，理解と協力を求める

児童生徒の動きとは別に，PTAの会長等の役員や地域の方に対して，学校が行おうとしていることを説明し，理解と協力を求めておく。「ルール」については，その趣旨や内容，用い方を説明し，保護者や地域の大人が学校と同じように子どものよさを認め，望ましい行動を積極的に認めていく指導を家庭や地域でも実施してもらえるようにお願いする。

⑤ さまざまな活動とスクールワイドPBSを連動させる

また，実践の段階では，学校内外でのさまざまな活動とスクールワイドPBSを連動させるようにする。どの先生も同じようにいう，校内のさまざまな場所に掲示されている，児童生徒に配布される学校だよりや学年・学級だよりにも同じようなことが書いてある，お昼の校内放送でもふれる，保護者や地域の大人も同じことをいうなど，児童生徒が定めた「ルール」がさまざまな場面で連動している状態をつくる。

■ 考え方・必要性

　このステップは，いよいよ「ルール」を全校の児童生徒に示していく段階で，まさに「スクールワイドPBS」の実施の始まりである。図3-9に児童生徒に示していく際の大まかな流れを示した。学校の状況にもよるが，可能であるのならば，児童・生徒総会などを活用する。児童・生徒総会で本部役員提案として作成した「ルール」を全校に提示し，承認を得ることができれば，全校の児童生徒が認めた「ルール」という位置づけにできる。児童会・生徒会の役員が，教師と一緒によりよい学校をつくるためにこのような「ルール」を考えたことを説明し，全校の児童生徒に協力を求める。総会で行うことがむずかしければ，児童会・生徒会主催の朝礼や集会などの位置づけの会を行い，役員の児童生徒と教師が話し合って決めたということを伝える。このように全校で確認する手順を踏んでおくと，その後の効果が期待できる。

　「ルール」についてのオリエンテーションで，教師は児童生徒が「ルール」に則した行動をとれば，積極的にほめたり認めたりし，「ルール」に反することがあればしかることを伝える。「スタンダード」などという用語を用いる必要はないが，特に教師が指導を徹底しようと考えていることは，児童生徒に説明しておく。

　各学級の指導では，児童生徒に「ルール」を自分たちの生活にあてはめて具体的に考えさせる。「ルール」が五つあれば，5時間確保して授業を行う。「ルール」を用いる場面を設定した場合，児童生徒には，その場面ごとに考えさせる。例えば，「ルール」の一つに「大切にする」があったとする。そして，場面設定の一つに「授業中」があったとする。「授業中」に「大切にする」では，何を大切にするのかがわからない。授業中に静かに学習に取り組ませたいのならば，大切にする対象として「自分」，「友達」，「先生」，「時間」などとする。そして，児童生徒には授業中に「自分」を大切にするために必要な具体的な行動は何かなどを考えさせる。ワークシートを用いて，設定した対象すべてに対して同様に考えさせ，できるだけ多くの具体的な行動をあげさせる。次に，それを班のなかで各人が発表し合い，それぞれの対象に対して班として重要だと考える具体的な行動を三つ程度にまとめる。すべての項目，場面ごとに班としての具体的な行動が定まったら，班ごとにまとめた意見を発表し，最終的には学級の意見をまとめる。各学級から出た意見は，学校だよりなどに掲載し，全校でシェアリングする。

　この作業の目的は，（a）児童生徒に「ルール」を覚えさせる，（b）児童生徒が「ルール」を自分の生活にあてはめて具体的に考える，（c）「ルール」に関するほかの児童生徒の考え方を知る，（d）教師が児童生徒の「ルール」に対する考え方を知ることである。教師も児童生徒もまず「ルール」を知っていることが必要であるから，こうした作業を通して児童生徒に「ルール」を覚えさせる。また，他者の意見を知ることで，新たな気づきを促す。そして，「考える」という作業が入ることで，「ルール」に関する取組みに自分もかかわっているという意識を児童生徒にもたせることができる。出てきた児童生徒の意見

（「ルール」に基づく具体的な行動）を教師が知り，そうした児童生徒の行動を積極的に認めたりほめたりすることが大切である。

　実施のステップは，学期や学年の間，継続的に行われる。その間に大切なことは，さまざまな活動を「連動」させることである。児童・生徒総会で「ルール」が全校児童生徒に示されれば，それと連動して児童生徒の委員会活動を活用し，校舎内の廊下の掲示板，教室内，体育館，玄関と児童生徒や来校者の目につく場所に「ルール」を掲示する。さらに，お昼の放送で「ルール」についての話をする。「ルール」について，学校だよりや，学年・学級だよりなどでふれる。つまり，キャンペーンを行うのである。あらゆることを利用して，スクールワイドPBSと関連づけ，教師と児童生徒が一緒に学校をよくする動きをつくりだしていく。

　取組みを始めても，すぐに変化は出ない。しばらくは，以前と同じように問題行動が起きるはずである。あるいは，いままでと異なる指導をするので，問題行動を起こしていた児童生徒の抵抗があり，<u>一時的に問題行動が増加する可能性もある</u>（第5章を参照）。しかし，ここは，児童生徒の望ましい行動を増やすことを第一に考え，学校として一貫性のある指導を徹底していくことが大切である。

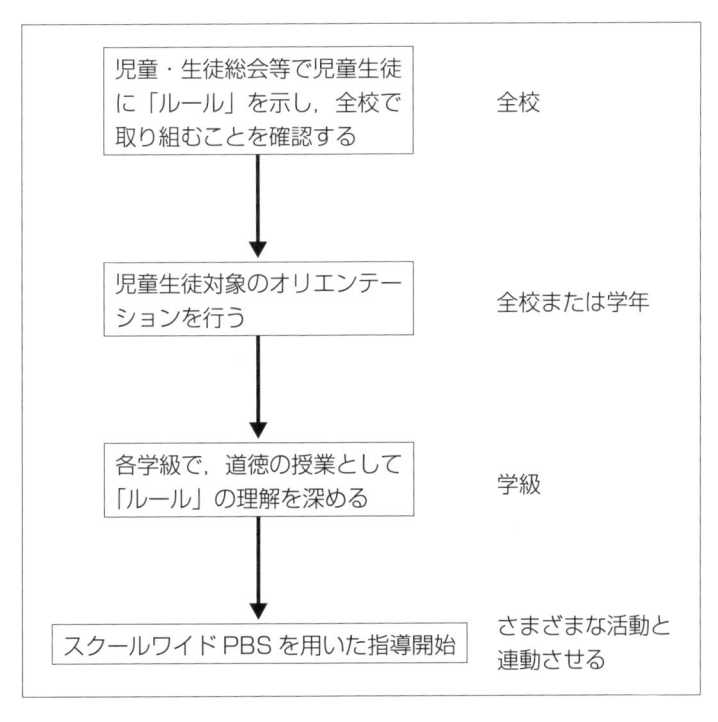

手順	対象
児童・生徒総会等で児童生徒に「ルール」を示し，全校で取り組むことを確認する	全校
↓ 児童生徒対象のオリエンテーションを行う	全校または学年
↓ 各学級で，道徳の授業として「ルール」の理解を深める	学級
↓ スクールワイドPBSを用いた指導開始	さまざまな活動と連動させる

図3-9 児童生徒に「ルール」を示していく際の手順例

ステップ 13

❸ 実践の段階：(児童生徒・保護者にも公開して実践)

実施の成果をフィードバックする

■ このステップでの具体的なアウトプット

　実際に四つの基準（要素）を用いた指導の取組みの成果を評価するために，どのようなデータを指標として用いるか，どのようにして収集するかを定めてデータを記録する。また，データとは別に児童生徒の行動の変容を探し，記録する。さらに，教師の変容や貢献も記録しておく。

　管理職は，取組みの成果を表す数値の変化や児童生徒の好ましい行動変容，教師の貢献などを教師全体や個人に伝える。児童生徒や保護者・地域には，児童生徒の好ましい行動の変容を積極的に伝える。

■ ここで管理職が行うこと：実施の成果をフィードバックする

To-Do-List

Check	管理職が行うこと
	①取組みを評価するための指標を定め，データを収集し，記録する
	②児童生徒の行動（あるいは現象）で好ましい変化を見つけ，記録する
	③教師の行動，スクールワイド PBS への貢献をよく観察し，記録する
	④教師個人・教師全体と児童生徒へフィードバックをする
	⑤教師が行う児童生徒へのフィードバックをマネジメントする
	⑥保護者・地域へフィードバックをする

① 取組みを評価するための指標を定め，データを収集し，記録する

　管理職が行うのは，取組みの成果を評価する指標を決定してデータを収集することである。自分たちの取り組んだ結果がどうなのかは，だれもが知りたいことである。できるだけ手間なく収集することができ，取組みの成果を客観的に判断できるものを指標として定める。

② 児童生徒の行動（あるいは現象）で好ましい変化を見つけ，記録する

　客観的なデータとは別に，毎日の学校生活のなかで見られる児童生徒の好ましい変化を見逃さず記録する。これも取組みを評価するための一つの指標として用いることができる。

③ 教師の行動，スクールワイドPBSへの貢献をよく観察し，記録する

　個々の教師の活動をよく観察し，スクールワイドPBSで定めたことにそった行動があったり，スクールワイドPBSを推進するうえで貢献する行動があったりすれば，記録しておく。

　以上の①②③のステップは，データの収集の方法をしっかり理解していれば，管理職以外の教師が行ってもかまわない。

④ 教師個人・教師全体と児童生徒へフィードバックをする

　教師個人へのフィードバックは，校長・教頭が教師一人一人の動きをよく観察し，教師の行動により生徒指導上でうまくいったことや，すぐに成果はなくともスクールワイドPBSを実施するうえで貢献することがあれば，それを教師個人にフィードバックする。

　教師全体へのフィードバックには二つの内容がある。一つは，児童生徒の行動のよい変化である。管理職は児童生徒の行動をよく観察しておき，少しでもよい兆しが見えれば積極的にその変化を教師にフィードバックする。例えば，授業中に保健室に来る児童生徒の数が減少したとか，給食準備中に廊下に出ている児童生徒の数が減った，児童生徒用の下駄箱がきれいになった，掲示物のいたずらが減った，などである。二つ目は，問題行動が減少してきたと判断できる客観的なデータをとり，それをフィードバックする。わかりやすいのは，問題行動数の変化である。校内で生じた児童生徒の問題行動を記録し，それを教師にフィードバックする。先月に比べるとどれくらい減少したとか，問題行動の内容がこのように変わってきた，などである。問題行動の記録の収集は校長・教頭が行う。取組みの最初は，こうしたことに教師の手を煩わせないことが大事である。問題行動のデータは，生徒指導部の会議や企画調整会議で報告されたことを校長や教頭が記録していく。このほかに，児童生徒が故意に破損したものの修繕費の変化や保健室に来室した児童生徒の数など，そのためにわざわざ集めなくとも本来業務のなかで収集しているデータで活用できるものがあれば用いる。ベースラインがとってある場合は，ベースラインと現在の数値を比較する。ベースラインがなければ，取組み開始からの数値の変化を見ていけばよい。

児童生徒へのフィードバックは、全校朝礼の際、校長講話のなかで児童生徒のよくなっているところ、できているところなどを積極的にほめていくことである。やはり、管理職にほめられることは子どもにとって特別なことである。全校朝礼だけでなく、その学年の校外学習や宿泊行事など、学年全員が集まる場面も利用できる。

⑤ 教師が行う児童生徒へのフィードバックをマネジメントする

児童生徒の行動上のよい変化を見逃さず、教師に指示して積極的かつ効果的に児童生徒にフィードバックをしていくことである。管理職は俯瞰的に学校を眺め、児童生徒の好ましい変化を見逃さず、教師に指示して学年だよりや学級だよりで紹介したり、学年集会や学級活動のなかで学年教師や学級担任からほめたりする。

⑥ 保護者・地域へフィードバックをする

管理職が、PTAの会議や青少年地区委員会など地域の会議に出席した際に、児童生徒の好ましい変化、がんばっている姿を積極的に広報する。

■ 考え方・必要性

成果のフィードバックとは、自分たちの実施していることの効果がどれだけ上がっているかを教師や児童生徒に知らせることである。これも、大きな意味での児童生徒や教師の行動の強化であり、スクールワイドPBSを成功させるために重要なポイントである。即時強化にはならないが、児童生徒や教師の望ましい行動を増加させる。スクールワイドPBSでは、特に教師の指導に学校としての一貫性をもたせることに意味がある。そのため、すべての教師が確認したことを実施していくことが大切である。どのような取組みでも、しばらくすると「ちょっとくらいやらなくとも」とか「自分がやらなくとも」と思う教師が出てくる。すると、せっかくそろっていた指導がしだいに崩れ、ダブル・スタンダードが起きてくる。学校の荒れがひどいときは、教師に緊張感があるので比較的このようなことは少ないと考えられるが、学校が落ち着いてくると、しばしばこのようなことが起きてくる。このような現象は社会心理学では「社会的手抜き」（釘原、2011）とよばれている。

「社会的手抜き」を防止するためには、(a) 個人の貢献がわかるようにする、(b) 課題に対する自我関与を高める、(c) 他者に対する信頼関係をもつ、(d) 集団全体のパフォーマンスの変動についての情報が成員個々に伝えられる、の四つが有効であるといわれている（釘原、2011）。合意形成の段階で、全教師の意見を十分に取り入れる工夫をしたり、実践の段階で、児童生徒が「ルール」の決定に関与するように指導したりすることは、(b) にあるように、教師や児童生徒の自我関与を高めるのである。教師は日々の授業を行い、学級事務を行い、行事に取り組み、中学校では部活動を行い、その合間を縫うように問題行動の指導を行う。このような状況で学校を立て直そうというモチベーション

をもちつづけるのはむずかしいことである。教師のモチベーションを維持するために，(a)や(d)が客観的にわかるものをこまめにフィードバックしていくことが重要である。

　また，児童生徒に対して成果をフィードバックすることにも意味がある。児童生徒も教師と一緒に「ルール」を守ることにより，よりよい学校づくりに取り組んでいる。児童生徒のモチベーションを高めるためにも，児童生徒のよい変化をフィードバックすることは有効である。児童生徒が「ルール」にそった行動をとった場合，そのつど指導している教師がほめたり認めたりすることで，児童生徒の行動を強化している。そのような毎日の積み重ねを行ううちに，必ず児童生徒の行動によい変化が見られてくる。そうした変化を見逃さずに，あらゆる機会を利用して児童生徒に伝えていく。例えば，「全校朝礼での集合がいつもより〇〇分も早くなった」，「全校朝礼のとき，正しい服装の人が先月より〇〇人増えた」，「チャイム着席できている児童生徒が先週より〇〇人増えた」など，できていることをできるだけ早い機会に児童生徒へ伝える。応用行動分析学の考え方では，できていないことをしかるよりも，できていることをほめていくほうが効果的であることが明らかである。児童生徒へのフィードバックには，全校朝礼での管理職や生徒指導担当の話，学年集会，学校だより・学年だより・学級だよりなどを利用する。

3 実践の段階：(児童生徒・保護者にも公開して実践)

ステップ 14 仕組みのメンテナンス

■ このステップでの具体的なアウトプット

　ここでのアウトプットは，スクールワイド PBS の各要素を管理職と教師で見直しすることと，見直しをした結果である。大切なのは，見直して変更することではなく，見直す作業自体である。また，同様に児童生徒の代表と教師とで「ルール」の見直しを行う。

■ ここで管理職が行うこと：仕組みのメンテナンス

To-Do-List

Check	管理職が行うこと
	①メンテナンスの意義を教師に説明し，理解を促す
	②生徒指導主任やプロジェクトチームに指示し，スクールワイド PBS の要素の見直しを行う
	③これを機会に「○○小・中学校，生徒指導の手引」を作成する
	④児童生徒の代表（児童会・生徒会役員）と教師で「ルール」の見直しを行う
	⑤新年度の春季休業中にスクールワイド PBS の研修会を計画する

① メンテナンスの意義を教師に説明し，理解を促す

　管理職は，メンテナンスの意義や必要性を教師に説明し，理解を促す。学校での取組みは，教師の異動に伴い形骸化することがある。それを防止するためにも，毎年のメンテナンスが必要であることを教師に説明する。

② 生徒指導主任やプロジェクトチームに指示し，スクールワイドPBSの要素の見直しを行う

　生徒指導主任やプロジェクトチームに指示し，スクールワイドPBSの構成要素である「指導の基準」，「認める指導」，「日常のスタンダード」，「問題行動のスタンダード」について，それぞれを見直す。メンテナンスも方策の決定時のように，プロジェクトチームが検討し，その結果を全体に報告しながら最終的に全教師で確認すればよい。

③ これを機会に「○○小・中学校，生徒指導の手引」を作成する

　また，こうした機会を利用して，「○○小・中学校，生徒指導の手引」などとして小冊子にまとめておく。スクールワイドPBSの考え方，児童生徒の望ましい行動を認めることの大切さ，応用行動分析の基礎なども加えておくと，自校の生徒指導のマニュアルとなり，次のフォローアップ段階で活用することができる。また，全教師で次年度の取組みを確認する際や，転入者や初任者の研修の手引として活用することもできる。

④ 児童生徒の代表（児童会・生徒会役員）と教師で「ルール」の見直しを行う

　さらに，児童生徒の代表と教師とで「ルール」の見直しを行う。ここでも見直すことが大切であり，見直した結果，以前と変わらなくともよい。当然のことであるが，管理職と教師が見直した結果と，児童生徒と教師とで見直した結果は整合性がとれるようにする。

⑤ 新年度の春季休業中にスクールワイドPBSの研修会を計画する

　また，年度が変わり新体制になってもスクールワイドPBSがスムーズに開始できるように，リーダー級の教師に指示して春季休業中の研修会を計画し，研修の内容・進め方・資料などの準備をしておく。

■ 考え方・必要性

　どのようなよい取組みもやがて形骸化する可能性がある。取組みのなかには，その学校のよき伝統となって長年継続されていくものもある。しかし，学校の状況が変わり，年度が変わって人事異動があると，以前やっていた取組みの意義が失われ，しだいにやらなくなってしまうことがある。学校が荒れているときは，管理職も教師も学校を立て直そうと必死になり，そのためにさまざまなことを行う。しかし，学校が落ち着いてくると，いまやっていることは必要ないのではないかと考える教師が出てくる。また，人事異動で新た

に転入してきた教師は，その学校で行われている取組みの意義を知らず，必要性を感じない場合がある。すると，全教師でやろうとなっていることを，自分の判断でやらない教師が出てくる。つまり，指導のダブル・スタンダード化が起きるのである。これは学校が再び荒れていく要因になりうる。公立学校が荒れと立ち直りを繰り返すことがあるが，こうしたことも原因の一つかもしれない。スクールワイドPBSでいうと，教師間での課題と解決像の共有が崩れたことになる。

　こうしたことを防止するために，スクールワイドPBSでは年度の終わりに必ず仕組みのメンテナンスを行う。児童生徒の変容に応じて「指導の基準（≒ルール）」や「認める指導」，「日常のスタンダード」，「問題行動のスタンダード」を見直す。また，見直しをした結果，以前と変わらなくともかまわない。いまの学校に何が必要なのか，教師全員で何をしていくのかを，ある一定の期間で見直して，その結果を全教師が確認することが大切なのである。大きな枠組みである「指導の基準」は年度で見直したほうがよいが，「日常のスタンダード」は，児童生徒の様子を見て学期ごとで段階的に見通しをもって見直してもよい。

　児童生徒と教師による「ルール」の見直しも，同様の考え方で行う。児童生徒の場合，年度末は学年が一つ上がり，代が変わる時期である。「ルール」を見直すことと，自分たちは上級生になるという意識づけの指導を関連づけて行う。児童生徒向けの「ルール」のガイドを作成するのもよい。

　また，スクールワイドPBSは，秩序回復というためだけでなく，特別支援教育における学校環境調整という一面がある。学校を落ち着いて安定した状態に保つことで，支援ニーズのある児童生徒をより支援しやすくする。さらに，スクールワイドPBSの手順は，学校改善にも用いることが可能である。学校が落ち着いている状態でも，よりよい学校にするために，上記で示してきた手順を行えばよいのである。定期的にメンテナンスすることで，学校の状況に応じたスクールワイドPBSに進化させていけばよい。

ステップ 15　次校長への引き継ぎ

4 フォローアップの段階：（次校長への引き継ぎ，新年度の準備）

■ このステップでの具体的なアウトプット

このステップは校長が異動になるときに必要となる。もし校長が異動するのであれば，次の校長への引き継ぎの資料として，一般的なもの以外にスクールワイド PBS に関する資料を準備し，後任校長に引き継ぐ。校長の異動がなければ，このステップは不要である。

■ ここで管理職が行うこと：次校長への引き継ぎ

To-Do-List

Check	管理職が行うこと
	①新校長へのスクールワイド PBS に関する引き継ぎ資料を準備する
	②後任者への引き継ぎの際に，いままでの経緯とともに，スクールワイド PBS について説明する
	③後任者がスクールワイド PBS を続けられるよう，教頭・教師に新校長のサポートを指示する

①　新校長へのスクールワイド PBS に関する引き継ぎ資料を準備する

校長が異動する際には，後任者への引き継ぎとして，学校の状況，課題などのほか，スクールワイド PBS としてどのような取組みを行ってきたのかを説明するための資料を用

意する。

② 後任者への引き継ぎの際に，いままでの経緯とともに，スクールワイドPBSについて説明する

校長が異動する際に，スクールワイドPBSの意義や実施するにいたった経緯を後任の校長に説明する。スクールワイドPBSが軌道にのり成果が表れているときであればなおのこと，後任の校長にスクールワイドPBSについて理解を求め，継続できるように依頼する。

③ 後任者がスクールワイドPBSを続けられるよう，教頭・教師に新校長のサポートを指示する

後任の校長がスクールワイドPBSを継続するのであれば，校長が変わった後も円滑にスクールワイドPBSが実施できるよう，教頭や生徒指導担当の教師が後任の校長をサポートするように指示しておく。

■ 考え方・必要性

このステップは，スクールワイドPBSの最大の弱点かもしれない。校長が変われば，学校が変わるという。当然，新しい校長は自分の考えで学校経営を進める。校長もそれぞれ得意な分野があり，学校経営のスタイルがある。これはあたりまえのことである。自分は，校長として苦労してスクールワイドPBSを実施し，学校を立て直してきたのであるから，自分の後任者にもスクールワイドPBSを継続してもらいたいところだが，後任の校長にはその校長の経営に対する考えがあるので，無理強いすることはできない。いままでの学校の状況，学校を立て直してきた経緯，スクールワイドPBSについて説明して，よく理解してもらう。

ステップ 16

4 フォローアップの段階：(次校長への引き継ぎ，新年度の準備)

新年度に向けての準備

■ このステップでの具体的なアウトプット

　春季休業中に，前年度に計画しておいた生徒指導の研修会を行う。新体制の校長・全教師でスクールワイド PBS の各要素を確認し，新年度に実施することを確認する。特に新たな転入者や新規採用者がスクールワイド PBS の意義や内容をよく理解できるようにする。

■ ここで管理職が行うこと：新年度に向けての準備

To-Do-List

Check	管理職が行うこと
	①春季休業中に生徒指導の研修会を行う
	②新年度の教師でスクールワイド PBS の各要素と新年度に実施することを確認する
	③転入者や初任者に対して，スクールワイド PBS 実施までの経緯やスクールワイド PBS について丁寧に説明する
	④新年度の全教師でよりよい学校づくりをするための協働体制をつくる

① 春季休業中に生徒指導の研修会を行う

　年度が変わると，人事異動により教師が入れ替わる。研修会を実施し，そのなかでスクールワイド PBS を実施するにいたった経緯や，スクールワイド PBS について説明し，学校として生徒指導で行うことを確認する。

② 新年度の教師でスクールワイド PBS の各要素と新年度に実施することを確認する

　研修会では，メンテナンスのステップで作成した「生徒指導の手引」などをもとに，「指導の基準」，「認める指導」，「日常のスタンダード」，「問題行動のスタンダード」など

の内容について共通理解し，全員が必ず実施する事柄を確認する。

③ 転入者や初任者に対して，スクールワイドPBS実施までの経緯やスクールワイドPBSについて丁寧に説明する

新たに加わった教師もいるので，転入者や初任者には時間をとって説明し，よく意見を聞き，実施する内容で調整することがあればこの機会に行う。

④ 新年度の全教師でよりよい学校づくりをするための協働体制をつくる

ここでのいちばんのアウトプットは，新たなメンバーで協働体制を確立することである。そのためにも，新たに加わった教師によく説明し意見を求めることは，前述したとおり大切なことである。

■ 考え方・必要性

スクールワイドPBSを新年度に引き継いでいく。これは，前述したとおり，仕組みを形骸化させず，学校の状況に応じてスクールワイドPBSをバージョンアップして，継続的によりよい学校づくりを推進していくためである。

公立学校では人事異動があり，ほぼ毎年教師の入れ替わりがある。したがって，年度が変わり新たなメンバーになった段階で，春季休業中の準備出勤等の際に研修会として時間を確保し，新たなメンバーでスクールワイドPBSの考え方や「指導の基準」，「認める指導」，「日常のスタンダード」，「問題行動のスタンダード」の具体的な事柄について確認する。転入者や初任者は前年度までの経緯がわからないので，いままでの経緯を説明し，なぜスクールワイドPBSを行うのかなどを丁寧に説明して理解を得る。

特に，スクールワイドPBSの効果が表れ，ある程度学校の状況がよくなってきていると，新たに加わった教師は，スクールワイドPBSの必要性を感じない可能性がある。「なぜこんなことをしなくてはならないのか」，「そこまでしなくてもよいのでは」などという声が出ることもある。学校が大変だった時期を経験していないだけに，スクールワイドPBSの意義や必要性を理解できないのだろう。この段階で新たに加わった教師の意見を聞いておかないと，後にダブル・スタンダードを生む可能性があるので，時間をかけて意見交換することが大切である。

【文献】

石黒康夫（2012）．学校秩序回復のための生徒指導に関する研究　明星大学通信制大学院研究紀要　教育学研究第12号．p.77-80
釘原直樹（2011）．グループ・ダイナミックス──集団と群集の心理学　有斐閣
國分康孝（1981）．エンカウンター：心とこころのふれあい　誠信書房
フリッツ・ハイダー（1978）．対人関係の心理学　大橋正夫（訳）　誠信書房
Seligman, M.E.P (1975). *Helpless nesson Depression, Development, and Death*. San Francisco; W.H. Freeman.
原尚武（1956）．日本教育学会大会研究発表要項15，46-47.

第4章

日本における
スクールワイド PBS の実践事例

本章では，著者（石黒）による日本での実践例を簡単に紹介する。著者は，公立中学校の校長として2校（ここではそれぞれA校・B校とする）でスクールワイドPBSを実践した。A校，B校の順に導入したのだが，最初から完成した形で導入したわけではなく，試行錯誤の結果，第3章で紹介した手順をつくり上げていった。ここではA校・B校での実践の概略と，どのようなデータを収集し，活用したのかなどについて紹介する。

4章 1 スクールワイドPBSを実施した学校の概要

(1) A校の概要

A校は，下町にある生徒数約120名，5学級の小規模校である。子どもは人懐っこく，家庭的な雰囲気で落ち着いた学校であった。昼休みには，生徒が教師や用務主事，校長を誘って校庭でバレーボールをするなど，和やかな雰囲気があった。小規模校であるため，運動会や合唱コンクールなど生徒が互いに競い合う場面では活気が少なく，生徒数を増加させることが求められていた。教師も生徒も協力してA校のよさを地域にアピールするなどして，新入生の増加に努めていた。

ある年度に新入生が増加し，その年度から学校の秩序が乱れ始めた。A校が落ち着いていて，きめ細かな指導をするということが区内小学校の評判となり，通常は3校程度の小学校から入学してくるのだが，その年は十数校の小学校から入学があった。

新入生のなかには発達に課題のある生徒が比較的多くおり，教師は個に配慮した指導に努めた。しかし，結果的にそれが前述した指導のダブル・スタンダードをつくり，学校秩序が乱れたものと考えられる。2・3年生は大変落ち着いており，まったく問題行動がなかったが，1年生は入学してから授業中の立ち歩き，突然奇声を上げる，授業の抜け出し，器物の破壊，友達への暴力など，問題行動がしだいに増加した。経験と熱意のある教師が多くいたが，そうした教師の指導もうまくいかず，学校の秩序は大きく乱れていった。

(2) B校の概要

B校は，閑静な住宅街の中に位置し，古くからの住宅地と商店街，新興のマンション群や小学校，高等学校が近隣にある文教地区の学校である。生徒数は約500名で，15学級あり，学校としては比較的大きい。後に地域の方のお話をうかがうと，著者の着任以前から生活指導上の課題が長い間続いていたようである。著者の着任当時は生活指導上の課題が多くあり，他者への暴力，器物の破損，金品の盗難などが起きていた。熱意のある教師が多くおり，行事や部活動などを熱心に行い生徒指導にあたっていたが，学校としての組織的な動きに課題があった。そのため，問題行動の指導は後手になりがちであった。

2 導入までの手順はどのようにしたか？

　基本的に導入の手順は第3章のとおりであるが，最初から順調に進められたわけではない。B校では，ほぼ第3章に示したとおりに進めたのだが，A校では早急に秩序を回復する必要に迫られていたため，準備の段階などは十分に時間をかけて行うことができなかった。また，A校では，校長も教師もスクールワイドPBSというものを初めて知り，一緒にその原理などを学びながら進めてきた。しかし，B校で実施する際は，A校での実践があったため校長が行う準備の段階はあまり時間をかけずとも行うことができた。

　B校で実施する際は，「合意形成の段階」は最初から正式に始めたわけではない。たまたま，著者と数人のおもだった教師が居合わせたなかで学校の課題について話している際に，「こんなことやってみないか」と著者がもちかけたことがきっかけである。その際，スクールワイドPBSや応用行動分析学などという言葉はいっさい使わず，「こんな学校をつくろう」，「生活指導をこんなふうにやりたいね」などと話しながら進めてきた。実は，応用行動分析学の考え方をもとに進めていたのだと話したのは，学校が落ち着いてしばらくたってからである。

　第3章で紹介した手順は，この2校での実践とその反省をもとに整理したものである。各学校には，教師の構成やその学校の事情などさまざまな条件があると思われる。第3章で紹介した手順は標準的な手順と考え，各学校の実情に応じてアレンジして実施してほしい。必要な要素は第3章で紹介してあるので，そのポイントをはずさなければよい。

3 「指導の基準」≒「ルール」はどのように定めたか？

　A校もB校も，「指導の基準」と生徒に示した「ルール」は同じものである。この二つは，指導のために教師が共有する考え方と，それを児童生徒にわかりやすく示すためのものであるから，同じでもさしつかえはない。A校では最初からスクールワイドPBSを導入することとして校内で話を進めていたので，米国の先行事例の"High-Five"（Taylor-Greeneら，1997）をモデルに教師と著者が話し合って「指導の基準」≒「ルール」を作成した。B校では，紹介した手順のように，親和図法を用いた方法で教師と著者とで合意形成し，作成した。両校ともに，作成した「指導の基準」は「大切にする」などとあいまいな表現になっている。応用行動分析学の考え方からすると，具体的な行動ではないので適していない。米国の先行研究では，標的行動としなかった行動は改善せず，反対に悪化したという結果があった。そこで，あえて「ルール」は具体的な行動とせず，その「ルール」を用いた指導として生徒に具体的な行動を考えさせることにした。「ルール」の決定

と具体的な行動として生徒に考えさせる指導は、両校で異なっているのでそれぞれ説明する。

　A校では、「指導の基準」≒「ルール」とそれを適用する場面をあらかじめ教師が設定し、それに該当する具体的な行動を生徒に考えさせた。そして、「A中学校　五つの大切」として、「時間を大切にする」、「礼儀を大切にする」、「物を大切にする」、「自分を大切にする」、「みんなを大切にする」という五つの大切にする視点と、「すべての場面」、「始業前」、「授業中」、「給食時」、「放課後」のように五つの場面を設定した。縦軸に五つの視点、横軸に五つの場面を記入した表を作成し、一つ一つのセルの中には、望ましい行動と望ましくない行動が記入できるようにした。全校集会で教師が生徒によりよい学校にするための「ルール」を先生と生徒でつくるという趣旨を説明し、生徒にアンケートを実施した。教師がアンケートを集約してまとめたものを全校集会で生徒に示し、どのように用いるか、問題行動をしてしまったときの謝り方などもあわせて指導した。

　B校の場合は、第3章で紹介した手順で「指導の基準」≒「ルール」を決定した。B校では、生徒会長や生徒会書記などの役員のほかに学級委員長、体育委員長などの専門委員会の委員長も選挙で選ばれる。したがって、生徒会の本部役員は十数人になる。「ルール」の作成は、本部役員を集め、本部役員、生徒会担当の教師と校長が一緒に親和図法を用いて「ルール」をつくった。生徒会本部役員と教師とで「ルール」を作成したのは、年度の終わりの2月から3月にかけてである。年度が改まった5月には毎年生徒総会が開かれるが、生徒総会の際に生徒会本部からの提案として「B中学校　基本ルール」を全生徒に提示し、承認された。その際、教師は学校生活のすべての場面（授業中、休み時間、登下校時、部活動中、行事など）でこの「ルール」を用いて生徒を指導することを伝え、生徒会が提案した「ルール」を教師が尊重するということを示した。

4章 4 「ポジティブな関係づくりのための認める指導」はどのように行ったか？

(1) マクロレベルの「認める指導」

　ポジティブな関係づくりのためのマクロレベルの「認める指導」として、両校で年間を通して構成的グループエンカウンターを行った。おもに行事の後や学期末などを中心に行ったが、B校では、教育相談担当者から計画的にエクササイズ案を提案して実施した。また、生徒と教師の信頼関係を深めるため、生徒が話をしたい教師と面接を行う教育相談週間「ハートフル・ウィーク」を両校で実施した。

　両校とも、「ハートフル・ウィーク」は夏休み明けの9月に実施した。夏休み前に、生徒向けに「ハートフル・ウィーク」の説明を行い、面接の希望をとる。そして、夏休み中に、担当の教師が面接する教師を調整し、9月に生徒に知らせる。面接するのは、校長・

教頭（副校長）・教師・スクールカウンセラー・その他協力を得られる職員である。面接のなかで教師は，生徒のよさを認めたり，生徒が自分で気づいていないよさを発見したり，生徒の話を聞くことに専念する。教師は，生徒からアドバイスを求められれば助言するが，基本的には聞き役である。

　A校では，面接をする教師や職員の顔写真と簡単な紹介をプリントにして事前に生徒に配布した。両校とも，生徒の希望をとる際は，「話したい先生を三人まで書いてください」とし，第一希望などのように希望の順位はつけない。生徒には面接終了時にアンケート用紙を渡し，記入して後日提出してもらう。アンケートには，「楽しかったか」，「またやりたいか」などの一般的な内容と面接した先生へのメッセージ，面接してみての感想などを書いてもらう。生徒にとって面接はほかの生徒との共通の体験となるので，面接自体を構成的グループエンカウンターのエクササイズと考え，アンケートの内容を学校だよりに掲載して全校でシェアリングした。学校だよりに掲載することで全校生徒はシェアリングできるが，それ以外に保護者や地域の方も学校の活動を通して生徒の感じたことを知ることができる。著者は，「ハートフル・ウィーク」を過去に4校の公立中学校で20年以上実施してきたが，非常に効果的な取組みである。生徒と教師の関係が，よりいっそう深まっていくのがわかる。さらに，生徒から教師へのフィードバックは，教師にとってはとても元気づけられるものである。

(2) ミクロレベルの「認める指導」

　ミクロレベルの「認める指導」は，生徒のよさや望ましい行動を教師が積極的にほめたり，できていることを確認したりすることである。応用行動分析学でいう「行動の強化」である。A校では応用行動分析学の校内研修会も実施したので，生徒の望ましい行動を強化するための強化子として何を用いるかということを教師間で議論した。米国の事例では，生徒の望ましい行動を強化するために，チケットをトークンとして用いて景品と交換できるようにしていた。しかし，日本の学校では食べ物や不用品の持ち込みを禁止している場合が一般的であるため，強化子として景品を与えるということは教師には抵抗感があった。教師間で議論した結果，A校では強化子として「教師の言葉」を用いることにした。

　B校では，応用行動分析学や強化という言葉は用いず，教師が指導姿勢として基本的に生徒のよさを認める姿勢をもつことにした。したがって，B校でも，強化子はA校と同様に「教師の言葉」である。生徒の望ましい行動をほめる・認めるといっても，それは過剰にほめることではない。しかし，できていてあたりまえのことでも，それができていれば，「できているね」，「それでいいよ」などと，教師が生徒のできていることを「確認する」ことにした。

4章 5 「ルール」を定着させるために

　A校では「ルール」を生徒に定着させるために，まず校長や教師が言えるようにし，生徒にも覚えるように促した。校内の玄関や廊下，教室など生徒の目につくところに掲示し，生徒手帳にも「A中学校　五つの大切」として掲載した。さらに，全校集会で「ルール」について説明した後，学年ごとにその具体的な用い方などについて，教師と学級委員や生徒会の生徒とのロールプレイを交えながらオリエンテーションを行った。

　B校では，「ルール」を校内に掲示するなどのほかに，学校だよりのタイトル部分に，「B中学校　基本ルール」として毎回掲載した。また，教師の提案により道徳授業でも定着を図った。B校の「ルール」は5項目あったので，各学年，道徳の時間を5時間ずつ用いて，道徳で使用するワークシートを作成して指導した。ワークシートには，毎回五つの「ルール」を記入する欄があり，繰り返し生徒が確認する機会をつくった。「ルール」の1番目には「大切にする」という項目がある。しかし，「大切にする」といっても何をどのように大切にするかが明確ではない。そこで，ワークシートに，「大切にする」場面について，授業中，休み時間，給食中，部活動中などといくつか例をあげ，その場面で望ましい行動とはどのような行動かを生徒が考える機会を設けた。例えば，「授業中に自分を大切にする」とはどのような行動なのか？　「授業中に友達を大切にする」とはどのような行動なのか？　などを個人で書き出し，それを班のなかで発表し，班としてどのような行動がよいのか話し合った。さらに，班ごとにまとめた意見を発表し，学級としてどのような行動が望ましいのかをまとめた。「ルール」に関して自分で考え，友達と意見交換をすることによって，より自分にかかわりのあるものとしてとらえさせる工夫である。

　また，朝礼で生徒が校長の話をよく聞いていれば，校長が講話のなかで，「人の話を真剣に聞くということは，その人のことを大切にできていることである」として，ほめると同時に「大切にする」ことのモデルを示した。教師が生徒の問題行動を指導する場面では，「何が大切にできていなかったのか」などと生徒に問いかけることで「ルール」を意識させ，生徒がそれを基準に考えられるように指導した。

6 データの収集と活用について

　著者は，計測できるデータとして，(a) 問題行動数，(b) 問題行動の質，(c) 修繕費を用いてスクールワイドPBSの成果を検証した。(a) 問題行動数は，いつ・だれが・どこで・どのような問題行動を起こしたかの記録である。A校では，問題行動の報告用紙（表4-1）を用いて，生徒を指導した教師が報告用紙を記入することにした。

このデータを著者が表計算ソフトで集計し，教師にフィードバックした。しかし，事件が多発している場合，用紙を記入することが教師の負担になることがあり，課題でもあった。B校では，このような用紙を用いず，企画調整会議（校長・副校長・各分掌・学年主任・養護教諭・事務が出席），生活指導部会（校長・副校長・生活指導主任・各学年生活指導担当が出席），教育相談部会（校長・生活指導主任・養護教諭・特別支援コーディネーター・各学年相談担当・スクールカウンセラーが出席）の会議で報告された生徒の問題行動を校長が記録した。B校では，この三つの会議で報告されることで，生徒の問題行動を把握することができた。

（b）問題行動の質とは，自校で生じている生徒の問題行動の程度がどのように変化しているかを知るために，著者が考案したものである。A校で実際に起きていた代表的な問題行動を20例程あげて，小・中・高等学校の教師にアンケート調査を行った。例示した問題行動を教師がどの程度ひどいものと感じるかを調査し，問題行動の段階を次の3段階に定めた。レベルⅠ：軽微（他者に迷惑をかけないもの），レベルⅡ：中度（他者に迷惑をかけるが軽いもの），レベルⅢ：重大（暴力や破壊など著しく他者に迷惑をかけるもの）である。収集した問題行動のデータをもとに，著者がこの3段階に分類して集計し（表4-2），問題行動の質がどのように変化しているかを教師にフィードバックした。

重大な事件が多く発生しているときは，どうしても教師の意識がレベルⅢ：重大の問題

表4-1 問題行動の報告用紙（例）

いつ	年　月　日（　）　：　ころ					
どこで		だれが				
内容 ○をつける		破壊	妨害	いたずら	暴言	暴力	ほか

記入者

表4-2 A校の年度による問題行動数・問題行動の質の変化

問題行動の程度	平成X年度		平成X＋1年度	
	問題行動数	割合	問題行動数	割合
Ⅰ：軽微	323	46.9%	66	19.7%
Ⅱ：中度	274	39.8%	190	56.7%
Ⅲ：重大	81	11.8%	61	18.2%
不明	10	1.5%	18	5.4%
合計	688	100.0%	335	100.0%

行動に向けられ，レベルⅠ：軽微の問題行動に気づかないことがある。しかし，学校が落ち着いてくると，以前には気づかなかったレベルⅠ：軽微の問題行動に教師の意識が向くようになり，軽微の問題行動の報告が増えてくるなどの課題がある。

（c）修繕費は，明らかに生徒が破損したものの修繕にかかった費用である。学校で何かを修繕した場合，それにかかった費用は事務で必ず記録されている。その記録の日付と問題行動があった日付を照らし合わせれば，記録されている修繕費のなかでどれが生徒の問題行動によるものかがわかる。（c）修繕費は，直接的ではないがあまり手間がかからず，客観的に生徒の問題行動がどのように変化したかを知る手段である（表4-3）。

データではないが，ほかにも著者が記録したことがある。それは，生徒の行動の変化である。例えば，全校朝礼の集合時の速さや様子，態度，服装の変化である。著者は，全校朝礼の際に生徒が集合するよりも前に体育館で待ち受け，生徒が集合してくる様子を観察してその変化を見るようにした。集合時間が素早くなってきた，集合してから静かに整列するまでの時間が短くなってきた，服の着こなしがきちんとしてきたなど，生徒の行動や様子の変化を観察して記録し，教師にフィードバックしたり学校だよりに掲載したりした。生徒のよい変化を生徒や教師にフィードバックすることで，望ましい行動を強化することを心がけた。

表4-3 A校の年間の修繕費の変化

年　度	修繕費の総額
平成X－1年度	¥118,020
平成X年度	¥418,950
平成X＋1年度	¥46,830

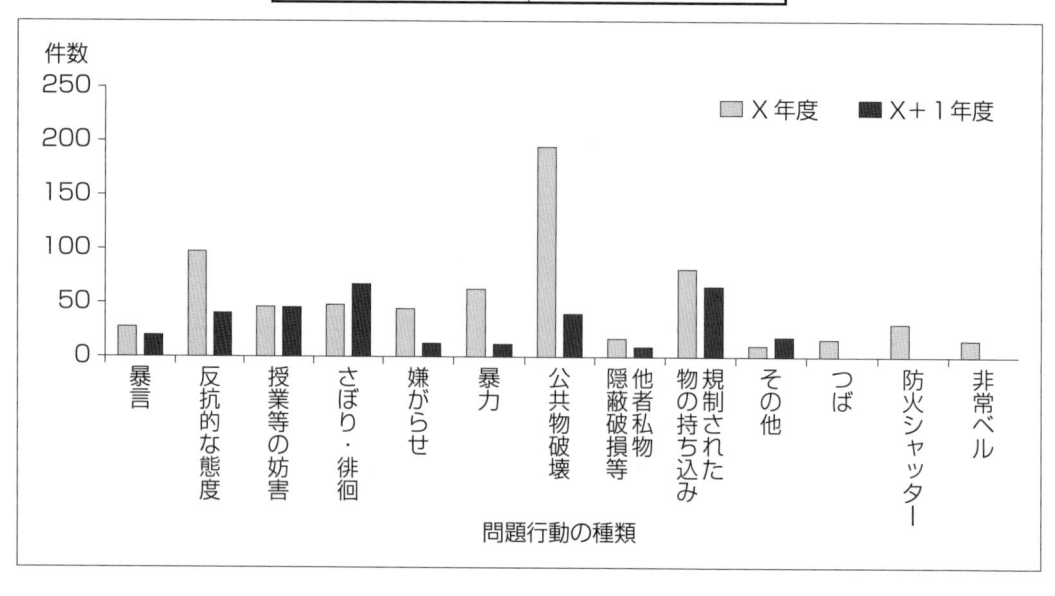

図4-1　A中　問題行動の種類別　経年変化

出典：「応用行動分析学を用いた学校秩序回復プログラム」教育カウンセリング研究　第3巻第1号　2010年12月　p.56-67

7 問題行動の指導

　問題行動の指導は，両校ともに第3章で説明したように実施した。問題行動を指導する際は，特に生徒や保護者に不公平感を与えやすい。教師と生徒・保護者間の信頼関係があまりない場合は，ちょっとした指導の違いに不満をもちやすくなる。どの学年の生徒であっても，特に重大な問題行動の場合は，管理職・生活指導主任・学年主任で検討したうえで，定めてある「問題行動のスタンダード」に従って指導を行った。

資料4-1　B中　「問題行動のスタンダード」

B中スタンダード概要
(1) 基本的に生徒のできているところを**認める・ほめる指導**を行う。
(2) 問題行動の指導の際も，その生徒を認める機会ととらえる。
(3) 三つの要素（基本ルール・日常の指導・問題行動の指導）から構成。

★基本ルール：すべての場面で適用されるルール（授業・行事・部活など）

> ○大切にする。
> ○素直にふるまう。
> ○話し合って解決する。　　　　　　　3/23　生徒会役員との話し合いで作成
> ○時間を守る。
> ○自分をコントロールする。

★日常の指導（例）……一日の流れにそって
★問題行動の指導（例）
　程度による問題行動のとらえ方

> Ⅰ：軽微のもの……自分の責任の範囲，人に影響があまりない。
> 　　　　　　　　　ルーズな着こなし・軽度な私語・居眠り
> 　　　　　　　　　不要物の持ち込み　など
> Ⅱ：中度のもの……人に影響を与えるが比較的軽度なもの。
> 　　　　　　　　　授業中の私語・立ち歩きなどによる授業妨害
> 　　　　　　　　　服装違反・頭髪違反（落ち着いた雰囲気を壊す）など
> Ⅲ：重大のもの……人に著しく影響を与える。
> 　　　　　　　　　暴力・嫌がらせ・物をとる・公共物を壊すなど
> 不明なこと…………物品の破損・生徒の私物や金銭の紛失

問題行動の程度により，指導の時期・内容（程度）・指導者を明確にする。
---

8 現場の教師の感想

　著者は，A・B校の二つの公立中学校でスクールワイドPBSを実施したが，特にB校

では管理職と教師間の協働体制，教師と生徒間の協働体制をつくることを意識して実践してきた。スクールワイドPBSを実践して，生徒の意識がどのように変化したかは調査していないが，B校の教師にはインタビューを行った。(a) 生徒の意識や行動に変化があったか，(b) 教師の意識や行動に変化があったか，(c) 導入してよかった点，(d) 導入して悪かった点，などについて自由な会話で意見交換を行い，調査した。一部を紹介する。

教師の意識の変化

【生徒の意識や行動の変化】
・生徒たちの反応がやわらかくなり，注意すると素直にごめんなさいという言葉が出る。
・集会で生徒がざわつかなくなった。すぐ静かになる。
・生徒同士で注意し合う場面が見られるようになった。
・教師の行動が変わったから，生徒にも「まずい」という意識ができた。
・教師同士も教師と生徒もなれあいにならない。
・みんなでよい学校をつくろうという姿勢が先生にも子どもにもできている。

【教師の意識や行動の変化】
・スタンダードがあると教師同士の話が進みやすい。
・先生によって，生徒に対する発言内容が異なることが少なくなる。
・生徒指導に関して「やりましょう」と言うことが楽になった。以前は，言ってもむだだからと口を閉じていた。
・先生たちの動きが断然速くなった。／・先生たちの対応がやわらかくなった。
・朝の打ち合わせでも，生徒指導の報告を聞く姿勢が前向きになった。
・先生たちが自分の仕事の責任を意識している。

【導入して良かった点】
・学年を越えて注意ができるようになった。
・教えていない生徒にも声をかけやすくなった。
・生徒の情報交換するときもやりやすい。
・教師の役割分担が明確になった。／・教師の生徒指導がぶれなくなった。
・教師同士，スタンダードやルールを念頭に話し合える。
・教師のやるべきことがはっきりとしている。
・基本ルールは覚えやすく，それにのっとって指導できるのがよい。
・生徒指導の基準がはっきりして生徒を指導しやすい。
・自分があやふやになったとき確認できる。
・みんなで学校をよくしようと，同じ方向に向かっている。

　教師へのインタビューでは，「指導の基準」となる「ルール」や「スタンダード」があることによって，自信をもって指導できる・安心して指導できるなどと述べられている。「ルール」や「スタンダード」は，全教師がかかわって作成したものであり，全員が認めたものである。生徒指導をする際に，教師全員が認めたものをよりどころとすることは，自分だけの判断ではなく学校の教師全員が認めていることに基づいている。その結果，教師は安心や自信が感じられたものと考えられる。また，必ず全員が実行しているということも，自分だけではないという安心感や教師同士の信頼感につながっていると考える。

第5章

応用行動分析学の基礎
──理論と実践の往還

前章までに，具体的にスクールワイドPBSを学校で実践する際のステップおよびその日本における実践事例について解説してきた。本章では，スクールワイドPBSの基本原理である，応用行動分析学（以下ABA）について紹介する。

5章 1 行動に着目する意味——荒れている学校，落ち着いている学校ってどんな学校？

「うちの学校，荒れていて……」
「うちは，落ち着いているから，授業もしっかりできるわ」
全国のあちらこちらでこんな会話が教師同士の間で繰り広げられている。果たして「荒れている学校」とはどんな学校なのだろうか？　逆に，「荒れていない」，つまり「落ち着いている学校」とはどんな学校なのだろうか？

まさか，「荒れた学校」と聞いて「雑草がそこらじゅうに生え，朽ち果てて，水道管も破裂し，壁にヒビが入っているような校舎」を思い浮かべる人はいないであろう。「荒れた学校」というのは，その学校の主人公である児童生徒がいわゆる「問題行動」とよばれる行動を多く起こしている，そういう学校である。

表5-1　荒れた学校と落ち着いている学校の児童生徒の行動（例）

荒れた学校の児童生徒の行動	落ち着いている学校の児童生徒の行動
・「ばかやろう」といった暴言を吐く ・教師の指示とは違う行動をする ・教師に対して，殴りかかろうとする ・校内外で喫煙，飲酒などの行為をする ・シンナーを吸う ・生徒同士のけんかが絶えない　　など	・訪問者に自分から「こんにちは」とあいさつをする ・授業開始時には，児童生徒が全員教室内で着席している ・廊下を移動するときに，児童生徒は静かに歩いている　　など

言いかえれば，左のような行動が多発している学校が「荒れた学校」であり，そうではなく右のような行動が多く見られる学校が「落ち着いている学校」ということである。荒れた学校というのは，そういう学校に特徴的な行動が多く見られている。

なぜ荒れた学校とわかるのか？　それは「問題行動」とラベルされている行動を示す児童生徒が多いからであり，荒れている学校「だから」問題行動を示しているのではない。

このように「荒れた学校」，「落ち着いている学校」という表現は，一見，その状態を表しているかのようでいて，実はそういう状態にラベルづけをした抽象概念的な表現であり，実際にその学校がほんとうにどのような状態なのかは，「荒れた学校」「落ち着いている学校」という表現では明確にはわからないものである。

次の図はこのことを図示したものである。われわれは往々にして事実を語っている「つもり」で，抽象概念的な用語を用いる傾向がある。ラベルづけ，あるいは抽象概念的な表現には，それを裏づける何かの「事実」があるはずであり，実際の問題解決はその「事実ベース」に行われることが肝要である。

これは，言いかえれば「荒れた学校」に塗布する特効薬はない，ということになる。

荒れた学校	ラベル（抽象的）	落ち着いている学校
↓ ↑	↓ ↑	↓ ↑
そういう学校に特徴的な児童生徒の行動	実際の現象（事実）	そういう学校に特徴的な児童生徒の行動

発展課題：「同僚性が高い学校」とはどういう行動をとる教師が多い学校であろうか？　具体的な行動として列挙してみよう！　できればほかの人の回答と比べてみよう！

教師ならば，自校が表5-1の左のような学校であるなら，右のような「落ち着いている学校」にしたいと願うであろう。そのためにはどうすればよいのか？　上記のボックスを見れば一目瞭然でわかるとおり，「荒れた学校」を「落ち着いている学校」に変えるということは，とりもなおさず，「児童生徒の行動を変容させていく」ことにほかならないのである。

コラム　アメリカの大学は常にオンタイム

　著者（三田地）が2000年ごろアメリカの大学に留学していたときに驚いたことの一つが，「大学教員は常にオンタイム」ということでした。この「オンタイム」とは，「時間どおりに教室に来る」という意味ではなく，まさに「授業開始時間になったら，授業そのものがスタートする」ことを意味しています。つまり，パワーポイントの設定や，配布資料の準備，返却物の段取りなどすべて「授業開始時間前に」終わっており，そのために先生は授業開始時間の10分から15分前には教室に来て，このような機器の設定などをしっかりしている，ということなのです。

　著者が日本の大学・大学院に通っていたころ，先生が授業開始後にのんびり教室にやってくることは珍しい時代ではなかったので，これにはほんとうにびっくりしました。

　「先生が時間を守る」ということの大事さを，アメリカの先生たちが身をもって教えてくれたように思います。日本に帰国後，授業・研修はオンタイムで始めることをわたし自身自分のルールとして課しているのは，このアメリカでの体験が大きいと思います。

> **ポイント**　荒れた学校とそうでない学校では，児童生徒の行動パターンが異なる。

　「荒れた学校」というと，どうしても児童生徒の行動のほうばかりに注目してしまいがちであるが，ここで教師の行動にも着目してみよう。「荒れた学校」と「落ち着いている学校」の教師の行動はどのように違うであろうか？

　表5-2を見ていただいても明らかなとおり，「荒れた学校」の教師の行動は，「落ち着いている学校」の教師の行動とはかなり異なっている。ここで，「児童生徒が荒れているから」「教師もそういう行動をとっている」のか，「教師がそのような行動をとっているから」「児童生徒の行動が荒れてくるのか」という議論は実際のところ「ニワトリが先か，タマゴが先か」議論と大差なく，はっきりいえることは，両者が絡み合ってそのようになっているということなのである。

表5-2　荒れた学校と落ち着いている学校の教師の行動（例）

荒れた学校の教師の行動	落ち着いている学校の教師の行動
・一日じゅう，どなり声を上げている ・教師を威嚇する生徒に対しては，及び腰になってしまう ・教師同士での情報共有がうまくできていない ・授業開始のチャイムが鳴っても授業が始まらない　　　　　　　　　　　　など	・授業開始のチャイムの前に教室に入り，チャイムと同時に授業を始める ・児童生徒をほめる行動が多い ・教師同士での情報共有がうまくできている ・教師が笑顔でいることが多い　　　など

> **ポイント**　荒れている学校の教師とそうでない学校の教師の行動パターンも異なる。

5章 2　「行動」に着目することで解決への具体的な手だてが見えてくる——応用行動分析学の入り口

（1）問題行動をなくそうとする「ありがちな手だて」を見直す

　では，このように「荒れた学校」を立て直すにはどうしたらよいのか。その答えはいたってシンプルで，「その学校にいる児童生徒，教職員の行動を変える」ことである。第3章で具体的に示されたステップはすべて，「学校内の児童生徒，および教職員の行動」をどのように変容させていくかの具体的な手続きである。

　生徒の行動を変えようとするときに，教師がよく使う手法は「注意」である。例えば，

授業中にざわざわしている児童生徒に向かって「静かにしなさい！」と言う，廊下を走っている生徒に対して「走らない！」と言うなど，枚挙にいとまがないだろう。注意するとその場は収まることも少なくない。しかし，もし教師としての自分が同じ注意を繰り返ししているような場合には，一瞬立ち止まって，次のように自分に問いかけてみるとよい。

> **ポイント**　「その注意は，十分機能しているだろうか？」

なぜ注意しているのかといえば，もちろん児童生徒が起こしている問題行動をなくしたいという意図からであろう。しかし，同じ児童生徒に対して，同じ注意を繰り返ししている場合，つまり何度注意をしても，その児童生徒が同じ問題行動を繰り返し起こしているとするならば，おそらくその「注意」自体がもはやその児童生徒には何の影響も及ぼしていないといえるのではないだろうか（その注意自体が問題行動の原因になっていることすらある，という点は後述する）。これは，例えていえば，体のぐあいが悪く，ある薬を塗っても塗っても治らないときに，その薬をいつまでも塗りつづけるだろうか？　という場面とフレームとしては同じである。このフレームで考えてみるとよくわかるだろう。

医師がある体の症状に対して「薬」という処方を施しているのと同じように，教師は子どもの問題行動に対して「注意」という処方を施して「問題行動の減少」を図ろうとしているのである。

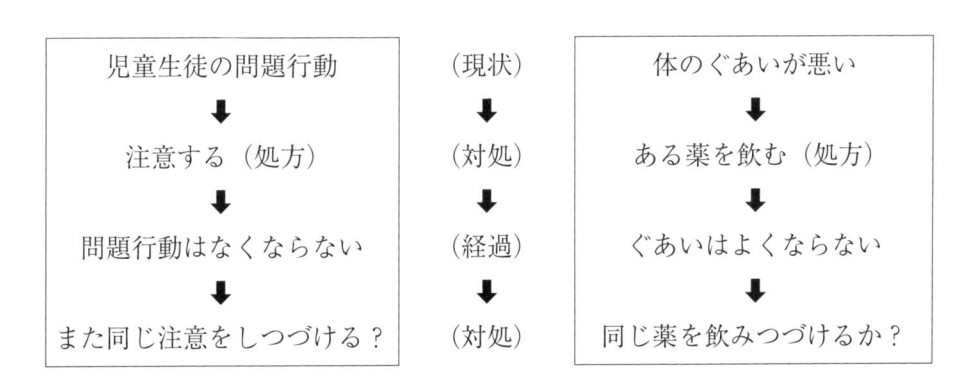

児童生徒の問題行動	（現状）	体のぐあいが悪い
↓	↓	↓
注意する（処方）	（対処）	ある薬を飲む（処方）
↓	↓	↓
問題行動はなくならない	（経過）	ぐあいはよくならない
↓	↓	↓
また同じ注意をしつづける？	（対処）	同じ薬を飲みつづけるか？

> **ポイント**　同じ注意を三度しても直らない場合，その「注意」自体が機能していないのでは？　と一歩立ち止まって考え直す。

「注意が機能していない」となったならば，教師は問題行動を減らすために，いったいどうすればよいのか？　ここで，「注意」以外の方策を考える理論的基盤として，応用行動分析学（ABA）が登場するのである。

(2)「問題行動」とは増やしたい行動？ 減らしたい行動？
──教育現場でできること

ここまで「問題行動」という用語を特に定義なく用いてきたが、あらためて「問題行動」とは何か？ を考えてみると、教師の側から見て「なるべく起きてほしくない行動」、つまり「減らしたい行動」であることがわかる。

いっぽう、学習行動を含めた「適応行動」、わかりやすい表現をすれば「よい行動」というのは、教師の側から見て「もっと"自発的に"やってもらいたい行動」ではないだろうか？

ここで、さきに示した表5-1（p. 104）の「荒れた学校」と「落ち着いている学校」に特徴的な行動を見直してみると、「荒れた学校」の特徴は大方「問題行動」で表され、「落ち着いている学校」の特徴は「適応行動」で表されていることがわかるであろう。

「荒れた学校」とは、教師側にとって減らしたい行動が多い学校ということにほかならないのである。

> **ポイント** その行動は減らしたいのか？ 増やしたいのか？

目の前の児童生徒において「問題行動だ」と思える行動が見られたときには、瞬時に「わたしはこの行動を減らしたいのか？ 増やしたいのか？」と問うてみてほしい。100％「減らしたい行動」のはずである。

問題行動のみならず、教育現場で行おうとしていることは、児童生徒の行動変容である。算数の問題が解けるようになること、漢字が書けるようになること、理科の実験を行い考察できること、すべて「行動変容」のプロセスである。図5-1はそのイメージである。

ABAでは、指導のターゲットとする行動が具体的に決まれば、行動の原理に基づいて、科学的にその行動にどのようにアプローチすればよいかの仮説を立てることができる。

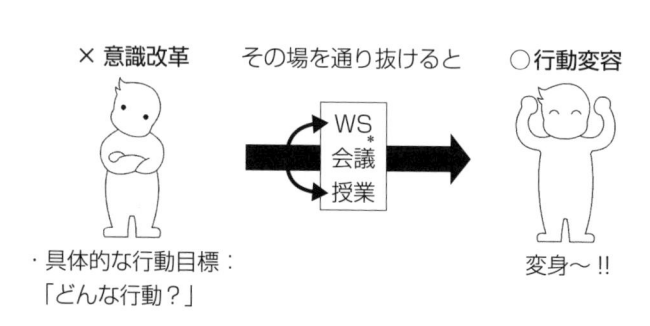

図5-1 行動変容の図（＊WS＝ワークショップ）
出典：三田地真実（2013）．ファシリテーター行動指南書　中野民夫（監）ナカニシヤ出版　p. 4.

5章-3 応用行動分析学の基礎の基礎

(1) 応用行動分析学の「ABCフレーム」にそって指導を考える――まずは事例から

　応用行動分析学は，ABAとも称されているが，これは"Applied Behavior Analysis"の略である。日本では主に特別支援教育の領域でまず導入され，徐々に教育現場や療育の現場で広まりつつある心理学の一分野である。

　応用行動分析学に基づいた指導の際に必ず用いられているのが，次の「ABCフレーム」である。これは，「なぜその行動が起きているのか？」という疑問に答えるために使われる。Bのところに分析しようとする「その行動」を入れて考えていく。

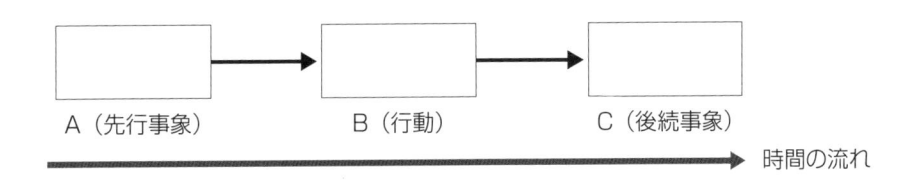

```
┌──────┐    ┌──────┐    ┌──────┐
│      │───▶│      │───▶│      │
└──────┘    └──────┘    └──────┘
A（先行事象）  B（行動）    C（後続事象）
─────────────────────────────────▶ 時間の流れ
```

　例えば，「なぜX君は授業中，窓の外を見る（キョロキョロする）のか？」という場合には，次のように記入して考えていく。

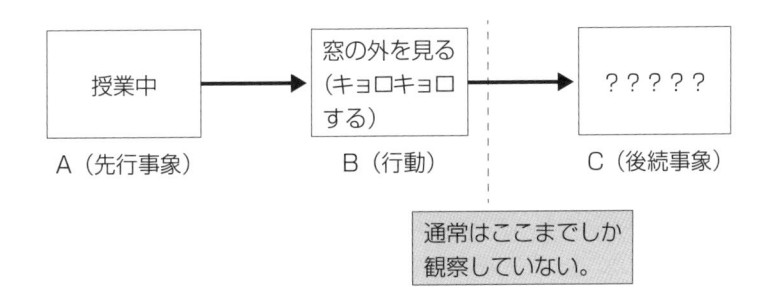

```
┌──────┐    ┌──────────┐    ┌──────┐
│授業中│───▶│窓の外を見る│───▶│？？？？？│
│      │    │(キョロキョロ│    │      │
│      │    │する)      │    │      │
└──────┘    └──────────┘    └──────┘
A（先行事象）  B（行動）         C（後続事象）
                     │
              通常はここまでしか
              観察していない。
```

　上図に示したように，応用行動分析学の理論にまったくふれたことがなければ，通常，問題と思われる行動が「なぜ起きているか」を考える際に，その原因（なぜ）は「行動の前」に起きた事象に求められる場合がほとんどであろう。その代表的な例としては，「ストレスがかかっているから」あるいは「発達障害があるから」など，実は具体性に欠けるもの，真ではないものが多々含まれている。（※「ストレスがある」とは，応用行動分析学の領域では，例えば「ある一定期間，正の強化を受けていない状態」と分析することもできる。このように表現すれば，この状態を改善するための具体的な手だてが考えられる。）

> **コラム** 「発達障害があるから問題行動を起こしている」という表現の罠
>
> 　以前は，いわゆる落ち着きがない子，困った行動を起こしてしまいがちな子に対して，「本人のやる気がない」とか「性格のせいだ」，あるいは「親の育て方が悪い」というような行動の理由づけがなされていることが多々ありました。最近，「発達障害」という言葉が世間にかなり広まってきたことによって，今度は「あの子は発達障害があるから，問題行動を起こしている」というような表現が，先生のみならず，保護者の間でも使われているのを耳にします。
>
> 　たしかに，当該の○○ちゃんはほかの子どもとちょっと行動パターンが違っているので，もしかしたら「発達障害」があるかもしれません。しかし，ちょっと立ち止まって考えていただきたいのは，「発達障害があるから問題行動を起こしている」という表現は，一見理にかなっているようで，実はもう一つ別の大きな意味を包含しているのです。
>
> 　もし，この表現が「真」だとしたら，この発言をしている人は「だから，発達障害がなくならないと問題行動はなくならない」という意味を暗に述べているととらえられかねないということなのです。発達障害自体を根治するということは現在のレベルではまだむずかしいですが，多くの発達障害のある子どもたちの問題行動は，応用行動分析学の原理に基づいた指導によって軽減されています。
>
> 　この表現に限らず，何げなく使っている行動の理由づけに科学的な論拠があるか，ないかを再度点検してみることは，ほんとうに解決できる手だてを見つけるうえで大事なことでしょう。

　物理的な世界では，ある現象の原因は，その前に起きた事象に依存することがほとんどである。例えば，太鼓をたたく⇒音がする，という状況では，「音がする」のは直前の「太鼓をたたく」に完全に起因している，というようにである。「因果」という言葉が存在するように，「何かをしたから，何かが起こる」という時間的流れに制約された理由づけを考える習慣が，一般的にわたしたちには強くあるのである（これも学習の結果である）。

　しかし，人間を含めた生物の行動は，行動の直後に起こった事象に非常に影響を受けている。このことを知っている人，つまり応用行動分析学の理論を学んだ人は，「なぜその行動をしているのか？」という疑問に答えようとする際に，行動の「後に」何が起きているのかも必ず観察する。繰り返しになるが，それは，ある行動がその後起きやすくなるか，起きにくくなるかは，その行動の後に何が起きているかに依存しているということを知っているからである。このことを図に示したものが次図である。

> **ポイント** 行動の前だけではなく,「後に何が起きているか」も観察しよう！

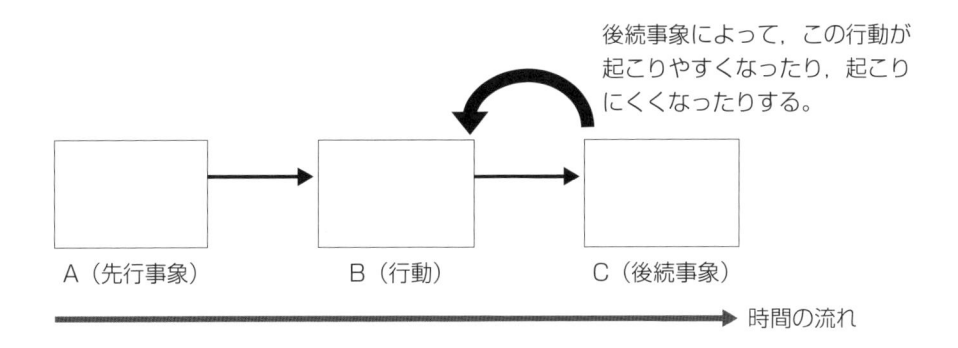

```
                    後続事象によって，この行動が
                    起こりやすくなったり，起こり
                    にくくなったりする。

  ┌───┐     ┌───┐     ┌───┐
  │   │ ──→ │   │ ──→ │   │
  └───┘     └───┘     └───┘
  A（先行事象） B（行動）   C（後続事象）
  ─────────────────────────→ 時間の流れ
```

　それでは，さきほどの例をこのフレームで見直してみよう。このケースでは，X君が授業中に窓の外を見る（つまりキョロキョロしている状態）と，その後には先生が注意するという現象が起きていた。この様子を「ABCフレーム」で記述すると以下のようになる。もし，この「窓の外を見る」という行動が繰り返し起きているとしたならば，それを専門用語で表現すると，「強化されている」ということになる。

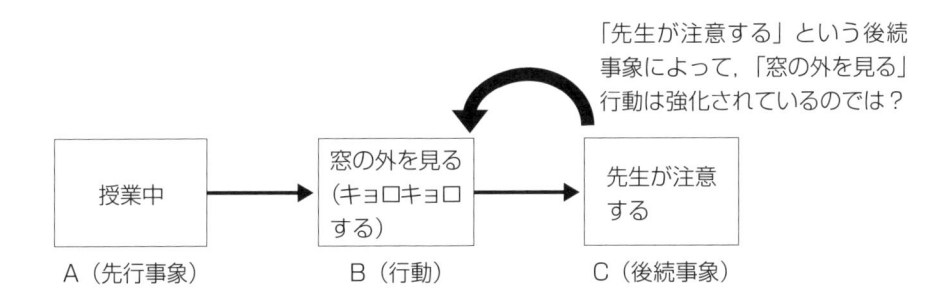

```
                           「先生が注意する」という後続
                           事象によって，「窓の外を見る」
                           行動は強化されているのでは？

  ┌─────┐   ┌─────┐   ┌─────┐
  │授業中│ → │窓の外を見る│ → │先生が注意│
  │     │   │(キョロキョロ│   │する      │
  │     │   │する)      │   │          │
  └─────┘   └─────┘   └─────┘
  A（先行事象）  B（行動）      C（後続事象）
```

　このように「ABCフレーム」で整理をすると，「窓の外を見る」というX君の行動は，「先生が注意をする」という後続事象（行動の直後に起きている事象）によって，強化されているのではないだろうか？　という「仮の説明＝仮説」が立つ。

> **ポイント** 繰り返し起きている行動は，何らかの形で強化されている。

　この仮説に基づき，次の手だてを考えるとするならば，どうなるであろうか？
（ここは読者の皆さんにも一瞬立ち止まって考えていただきたいところである。）

「授業中，窓の外を見る行動」は，「先生が注意をする」ことで増強されている（仮説）としたならば，どうすればこの「窓の外を見る行動」は増強されないといえるだろうか？

シンプルに考えれば，「窓の外を見る」行動に対して，「注意をする」という事象を起こさないということになるのである。言いかえれば，「窓の外を見る行動」の後に起きていた事象を取り除く（以下の図）ということである。

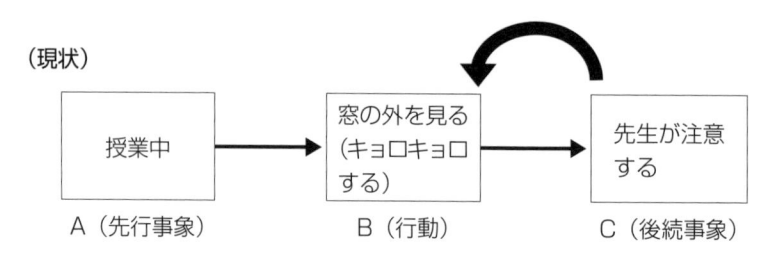

（現状）

```
┌─────────┐      ┌─────────┐      ┌─────────┐
│ 授業中  │ ───→ │窓の外を見る│ ───→ │先生が注意│
│         │      │（キョロキョロ│      │する     │
│         │      │する）    │      │         │
└─────────┘      └─────────┘      └─────────┘
 A（先行事象）    B（行動）        C（後続事象）
```

実際，このケースにおいて，教室内で窓の外を見るX君には注意をしないというぐあいに先生が行動を変えるとするならば，X君から見た「ABCフレーム」は次のようになる。

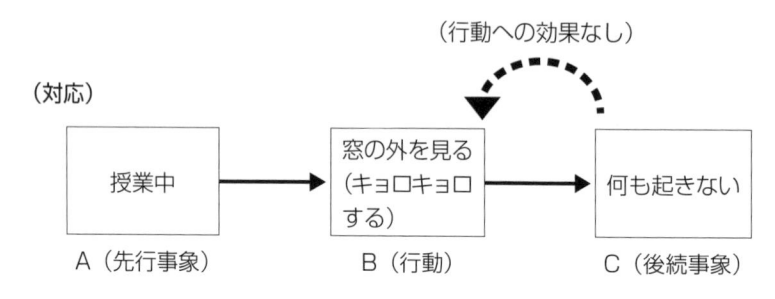

（対応）　　　　　　　　　　　　　　　（行動への効果なし）

```
┌─────────┐      ┌─────────┐      ┌─────────┐
│ 授業中  │ ───→ │窓の外を見る│ ---→ │何も起きない│
│         │      │（キョロキョロ│      │         │
│         │      │する）    │      │         │
└─────────┘      └─────────┘      └─────────┘
 A（先行事象）    B（行動）        C（後続事象）
```

この「ABCフレーム」によれば，以前は「先生からの注意」を山のように得ることができていたX君の「窓の外を見る行動」は，先生が自分の行動パターンを変えたことで，何も得ることができなくなっている。つまり，この行動自体はその効力を失った状態を表している。（※周りの人間が行動を変えてもすぐにX君の行動が変わるのではなく，「消去バースト」という特異なプロセスを経ることもわかっているが，ここでは基本原理をわかりやすく解説するために簡略化して描写している。）

応用行動分析学の原理に基づけば，このような効力を失った行動が起こる頻度はだんだん下がるはずなのである。このX君の指導例のその後については，次項で述べていく。

> **ポイント**　「ABCフレーム」で行動を分析すると，論理的に指導方法が考えられる。

ここでいう「論理的に指導方法が考えられる」とは，以下の手続きによって成立している。

①児童生徒の問題的な状況をよく観察すること
②その際に,「ABCフレーム」を使って仮説を立てること
③「ABCフレーム」では,「問題的な行動」の後に何が起きているかも観察すること
④問題的な行動が後続事象によって増強されているとしたならば,後続事象を取り除くことで,問題的な行動は減少するだろうと予測すること

すなわち,「なぜその方法で行っているのですか?」とだれかに問われたときに,例えば「この問題的な行動は,後続事象の□□によって増強されていると考えたので,その後続事象を取り除いたのです」と答えられるということである。この具体的な手続きについては,章末で紹介してあるオニールほか著『問題行動解決支援ハンドブック』(学苑社,2003,2015年に改訂版出版予定)などの書籍をぜひ参照されたい。

(2) 強化と弱化の原理,および消去の原理

前項で行動の原理,つまりなぜその行動が起きているのかを理解するためには,行動の直後に起きている事象まで観察することが大事だということについて述べた。本項では,ごく簡単に後続事象が行動に及ぼす五つのパターン(原理)について解説する。この五つとは,①正の強化,②負の強化,③正の弱化,④負の弱化,⑤消去である。①,②は行動が増えたり,維持されたりする際に関与している原理,③,④,⑤は行動が減少するときに関与している原理である。

① 正の強化

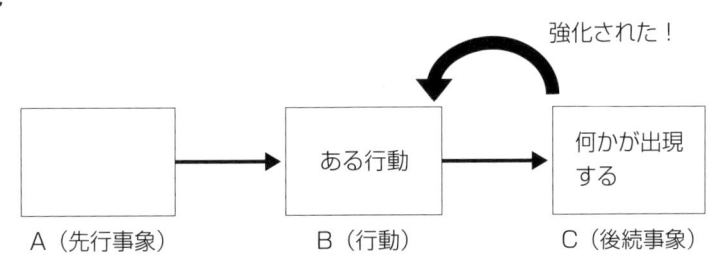

```
                              強化された!
                                 ↶
┌─────────┐   ┌─────────┐   ┌─────────┐
│         │ → │ある行動  │ → │何かが出現│
│         │   │         │   │する     │
└─────────┘   └─────────┘   └─────────┘
 A(先行事象)   B(行動)      C(後続事象)
```

「正の強化」とは,行動の後に何か(強化子)が出現することで,その後にその行動が起きやすくなる手続き・原理をいう。

例えば,前述のA:授業中,B:キョロキョロする,C:先生が注意する,という「ABCフレーム」は,この正の強化の原理で考えていたことになる。「キョロキョロする」という行動が,「先生が注意をする」によって増強,つまり強化されていたと考えたのである。別の例では,A:授業中,B:発言する,C:先生にほめられる,という状況が続くことで,「発言する」という行動が増強,つまり強化されるという場合もあるだろう。Bの行動には,問題的な行動であれ,適応的な行動であれ,具体的な行動であればあてはめて考えることができるのである。

② 負の強化

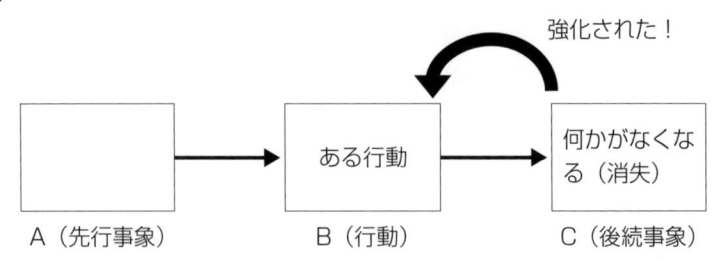

```
                              強化された！
┌─────────┐   ┌─────────┐   ┌─────────┐
│         │──▶│ある行動  │──▶│何かがなくな│
│         │   │         │   │る（消失） │
└─────────┘   └─────────┘   └─────────┘
 A（先行事象）   B（行動）     C（後続事象）
```

　逆に負の強化とは，行動の直後に何かが消失することで，その後のその行動が起きやすくなる手続き・原理をいう。
　例えば，A：休み時間に友達にからかわれた，B：「うるさい！」とどなった，C：からかいがとまった，という場合，同じような状況では「うるさい！」とどなる行動が見られやすくなる，つまり強化されたといえる状況になるだろう。
　同じフレームは，教師の行動をBに入れて考えることができる。
　A：授業中に生徒がさわがしい，B：「うるさい！」と先生がどなる，C：一瞬教室が静かになる，という場合，この教師の「うるさい！」という行動は，「負の強化」，つまりどなった後に一瞬静まり返る（＝さわがしさが消失する），という原理で維持されている可能性がある。

　いっぽう，行動が起こりにくくなる場合には，次の三つのパターンがある。行動の直後に何か（弱化子）が出現して，その行動がその後起こりにくくなる場合は「正の弱化」，逆に行動の直後に何かが消失することで行動が起こりにくくなる場合は「負の弱化」という。また，第三のパターンは，行動を起こしても何も変化が起きないというもので，これを「消去」という。

③ 正の弱化

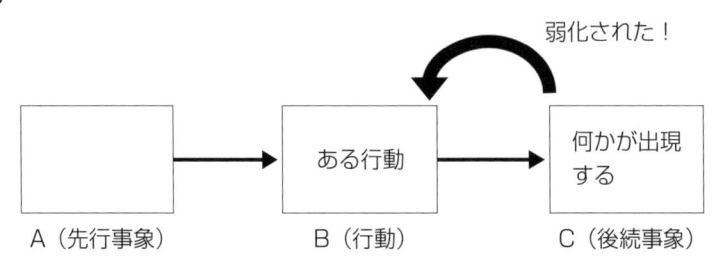

```
                              弱化された！
┌─────────┐   ┌─────────┐   ┌─────────┐
│         │──▶│ある行動  │──▶│何かが出現│
│         │   │         │   │する      │
└─────────┘   └─────────┘   └─────────┘
 A（先行事象）   B（行動）     C（後続事象）
```

　例えば，A：授業中，B：キョロキョロする，C：先生から強くしかられる，このことでその児童生徒が二度と授業中にキョロキョロしなくなったならば，Cのしかられたことが「キョロキョロする行動」を弱めた，すなわち弱化させたといえる。
　さきの「正の強化」とこの「正の弱化」の例は，「ABCフレーム」に入れてしまえば，まったく同じものとなる。この二つの違いをもたらすものは，その後，その児童生徒

の「キョロキョロする行動」が見られなくなるか，あるいはどんどん増強されているかなのである。教師の「しかる」行動が，児童生徒の行動にどのように影響したかについて言及している。

④ 負の弱化

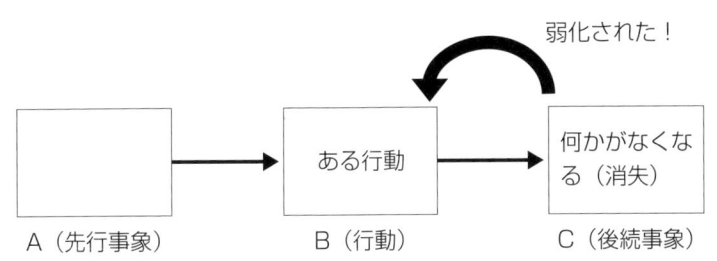

```
A（先行事象）  →  B（行動）ある行動  →  C（後続事象）何かがなくなる（消失）
                                    弱化された！
```

「負の弱化」の例として，A：授業中，B：大声を出す，C：トークンを失うというような場合がある。大人の社会では，罰金制度などがこの原理を利用してBに入る問題的な行動を起こさせないようにしているといえる。この四つの原理を整理したものが表5-3である。

＊トークンとは「代用貨幣」とも訳され，何かを行うと得られ，一定量ためると，例えば好きな活動や物と交換できるという機能をもつものである。これを失うことは，お金を失うに類似した機能をもつ。

表5-3 強化と弱化の整理表※

		行動の直後に起きた事象（C）	
		何かが与えられる（正）	何かが取り除かれる（負）
その後の行動の起こり具合（B）	増えた（強化）	正の強化	負の強化
	減った（弱化）	正の弱化	負の弱化

（※三田地・岡村（2009），p.49より引用）

⑤ 消去

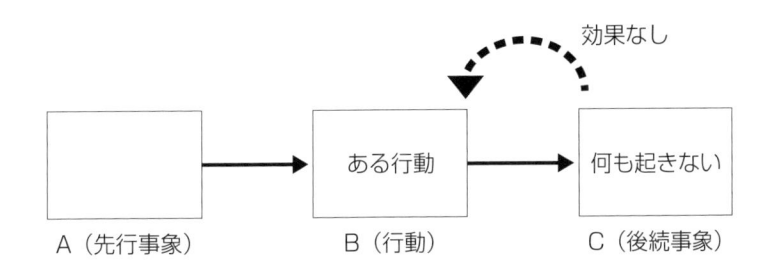

```
A（先行事象）  →  B（行動）ある行動  →  C（後続事象）何も起きない
                                    効果なし
```

「消去」は弱化とは違い，行動の直後に何も起きない，つまり行動しても何の効果ももたらさない原理のことである。例えば，A：作業中，B：大泣きする，C：だれも来ないし，何も起きない，という状況で，この「大泣き」が徐々に減っていった場合には，「大泣き」は消去したとなる。いわゆる，問題行動が起きたら「無視をしましょう」というテクニックはこの原理に基づくものである。この無視のテクニックが有効なのは，基本的に

「正の強化」の原理で維持されている，他者からの注目を得ている行動である。「無視すれば問題行動が減る」，というのは原理を「無視した」表現であるので，注意されたい。

「問題的な行動」について考える場合には，前述したように基本的にその行動が「いま起きている，起きつづけている」ために問題となっているので，「正の強化」・「負の強化」のどちらかの原理で維持されていると考えることが基本となる。

> **ポイント** 「問題行動」といった場合には，何らかの後続事象で強化されている。

逆に適応行動であっても，その行動が起きつづけているのであれば，それもまた，「正の強化」・「負の強化」のどちらかで維持されている。「認める指導」で，適応行動が見られたら教師が声をかけるというのは，「正の強化」の原理を適用した指導方法である。

■適応行動における「正の強化」

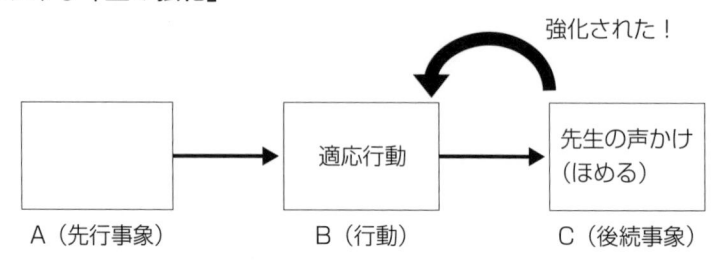

```
                            強化された！
                          ╭──────╮
    ┌─────┐    ┌─────┐    ↓┌─────┐
    │     │ →  │適応行動│ →  │先生の声かけ│
    │     │    │     │    │ (ほめる) │
    └─────┘    └─────┘     └─────┘
   A（先行事象）  B（行動）     C（後続事象）
```

(3) PBSに基づく指導の基本的な考え方──セットメニューで考える

以上，ある行動がどうして起こりつづけているのか，あるいは行われなくなってしまうのかを理解するための五つの基本的な行動の原理について解説してきた。実際の学校現場では，一人の児童生徒の問題行動のみにかかわることは困難であり，学校全体のなかでその問題行動にどう対処していくかの基準，スタンダードが必要となる。これが第3章で解説した，「問題行動のスタンダード」である。

ある児童生徒が問題行動を起こしたときに，たとえそれが教師の言葉かけによって維持されている，つまり教師の言葉かけが強化していると推測されても，その場にいる教師がその問題行動を完全に無視するということは，その周囲にいるほかの児童生徒の指導上むずかしい。そこで，問題行動に対してどのように教師がかかわるのかを決めておき，教師間でのブレがないようにしておくというのが「問題行動のスタンダード」の根幹であった。

問題行動はさまざまな原因（後続事象）で維持・増強されているが，そのなかでも「教師の声かけ」で維持されているものについては，「認める指導」とのセットメニューで対応することが望ましい。以下には，その一例を「ABCフレーム」で示した。これによれば，児童生徒の騒ぐ行動は，教師が声をかける，つまり注目を与えることで強化されている可能性があるということである。

■「正の強化」で維持されている児童生徒の問題行動

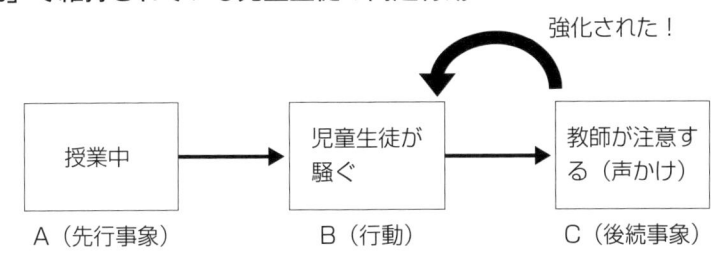

```
授業中  →  児童生徒が騒ぐ  →  教師が注意する（声かけ）
                        ↑ 強化された！
A（先行事象）  B（行動）  C（後続事象）
```

　このような状況でなぜ教師は声をかけるのであろうか？　それは，その「声かけ」も行動の原理で維持・強化されているからである。

　問題的な状況にあると，教師はどうしてもその「問題行動」にのみ目が向き，その「問題行動」をなくそうと「注意行動」に出る可能性が高いが，これは，前述したように教師の注意行動が「負の強化」で維持されている一例である。

■「負の強化」で維持されている教師の注意行動

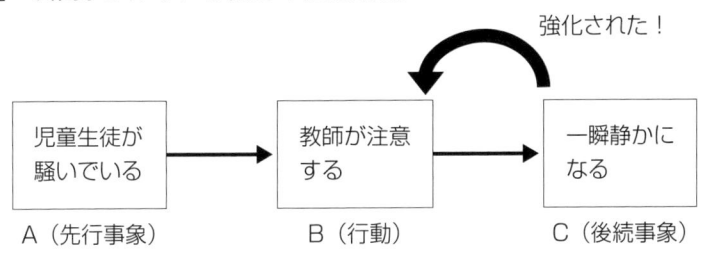

```
児童生徒が騒いでいる  →  教師が注意する  →  一瞬静かになる
                                  ↑ 強化された！
A（先行事象）  B（行動）  C（後続事象）
```

　このような場合，原理的には児童生徒が騒いでいても教師は声をかけずにいることが，その「騒ぐ」行動を消去に導く手続きであるが，実際にはある程度の注意はせざるをえない。それでは，問題行動を減らす手だてとして，さらにどのような手続きを用いることができるのだろうか。

　ここで，教師の注意を問題行動から転じて，適応行動に向ける重要性が浮上するのである。よく教室内の児童生徒の行動を観察してほしい。大方の児童生徒は「きちんと」，つまり教師が期待する「望ましい行動」をとっている場合がほとんどである。それにもかかわらず，どうしても教師は一部の問題的な行動を示す児童生徒のほうに注意が向きがちである。その状況は以下のように「ABC フレーム」で示される。

■きちんと行動している児童生徒の「ABC フレーム」

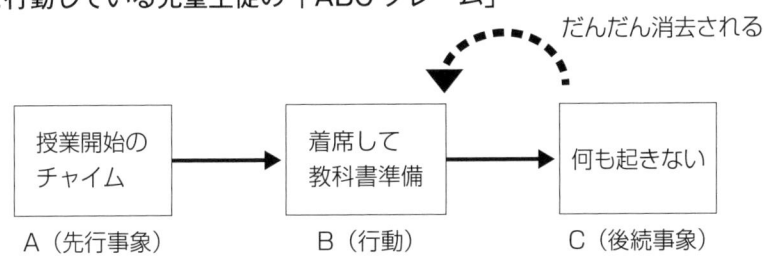

```
授業開始のチャイム  →  着席して教科書準備  →  何も起きない
                                  ↑ だんだん消去される
A（先行事象）  B（行動）  C（後続事象）
```

きちんと行動している児童生徒に対して教師の声かけはあまり生じず，むしろ問題行動を起こしている児童生徒のほうにばかり声をかけている事態になりやすいのである。このような状況が続くと，きちんと行動している児童生徒のその「きちんとした行動」はまったく強化されないどころか，むしろ「消去」の原理に従って，減っていくことすら予測されるのである。

　そこで，第3章で解説したミクロレベルの「認める指導」である，「適応行動に声をかける」ということが重要となってくる。

■適応行動における「正の強化」

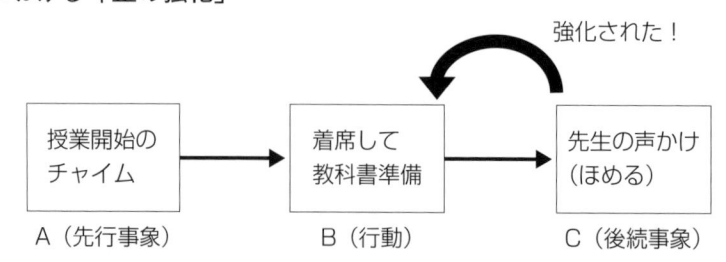

```
                                        強化された！
                                    ⤴
  ┌─────────┐   ┌─────────┐   ┌─────────┐
  │ 授業開始の │ → │ 着席して  │ → │ 先生の声かけ│
  │ チャイム   │   │ 教科書準備│   │ （ほめる） │
  └─────────┘   └─────────┘   └─────────┘
   A（先行事象）     B（行動）       C（後続事象）
```

　問題行動だけに対応するのではなく，むしろきちんと行動していることに対して，どれだけ「プラスの声かけ」が行えるかという，教師の指導の価値観の転換が求められるところである。「できてあたりまえ」から，「できていることを頻繁に認める」というのが，「認める指導」のポイントであり，以上がその理論背景なのである。

> **ポイント**　問題行動への指導は，適応行動を認める指導とのセットメニューで考える。

(4) もち時間は，だれでも24時間──問題行動を行うか，適応行動を行うか

　以上のように，問題行動の指導を行う場合に，問題行動を減らすことだけに注意を払うのではなく，むしろ適応行動を増やすことに力を注ぐことで学校全体がポジティブな関係性を構築しやすくなる。これは，問題行動をしなくなった後に何をするのか？　という素朴な問いに対する答えでもある。

　第1章の図1-1（p.10）で示したように人間にはだれでも一日24時間のもち時間がある。そのなかで，問題行動を行っている時間が多いのか，適応行動を行っている時間が多いのか，要するに，その二つの行動が24時間のなかでパイを取り合っている状況なのである。

　適応行動が多い児童生徒は，必然的に問題行動が少なくなる。逆もまたしかりである。問題行動を減らしたいと願うならば，まずその児童生徒の「できている行動」に着目し，「できてあたりまえ」という教師の価値観をいったん横に置いて，そのできている行動をもっと増やす手だてを考えるというのが，最終的に「問題行動を撲滅」する一見遠回りか

もしれないが有効な手だてなのである。そして，このような方法で適応行動を増やせば増やすほど，その後のその児童生徒の社会生活はより豊かなものになることは想像にかたくないだろう。

【文献】
三田地真実・岡村章司（2009）．子育てに活かすABAハンドブック——応用行動分析学の基礎からサポート・ネットワーク作りまで　井上雅彦（監）　日本文化科学社
O'Neill, Horner, R., Albin, R., Sprague, J., Storey, K., and Newton, S.（1997）．*Functional Assessment and program development for problem behavior: A practical handbook*（2nd edition）．Brooks/Cole Publishing Company.（三田地昭典・三田地真実（監訳）（2003）．子どもの視点で考える，問題行動解決支援ハンドブック　茨木俊夫（監）　学苑社）（※本書は，2015年　金剛出版より第3版の訳が出版予定）

コラム　自分だったら，どちらがよいか？　ほめられること？　しかられること？

　日本の学校には「できてあたりまえ」という文化がまだ根強くあると気づかされる場面に，学校見学に行くと時々出会います。少し前に見学させていただいた，公立小学校の個別支援学級では，おそらく45分の授業時間中，ずっと静かに座っていることがむずかしそうな児童が何名かいました。姿勢もまっすぐにはなかなか保ちづらく，いすからずり落ちそうになってしまいながらも，がんばっておしりはいすから離れません。しかし，そういうときには先生はまったく注目してくれず，いよいよその子のおしりがいすから離れてしまった瞬間に，「ちゃんと座りなさい」と先生からの声がかかります。

　このような光景はけっして珍しいものではないですが，これを自分の立場に置きかえて考えてみてはどうでしょう。一生懸命仕事をしているときは，だれもほめてくれず，声もかけてくれないのに，ちょっとしたミスをしたときだけ，ガーガー注意される。このようなことが繰り返されたときに，自分の仕事へのやる気は上がるでしょうか？　それとも下がるでしょうか？　答えは明白です。あたりまえと思うことでも，こまめに声をかけていくことで，よい行動がどんどん増えるなら，お互いにこんなに幸せなことはないでしょう。加えて，先生のほうも怒っているときと，ほめているときのどちらが楽しい気分になるでしょうか。両者が幸せな気持ちになれる時間を多くもつこと，そのように考えて自らも行動することが幸せへの秘訣かもしれません。

終章

教師は子どもの，そして管理職は学校のファシリテーターであれ！

　前章まで具体的なスクールワイドPBSの導入・実践方法，そしてそれを支える理論としての応用行動分析学について解説してきた。いま一度，広い意味での学校経営，学級経営を「場づくり」という視点から見直して，スクールワイドPBS導入の際の指針を紹介していく。

　「ポジティブな関係づくりのための認める指導」とは，なにも児童生徒に対してだけのことではない。管理職や同僚の教師に注意されたり，厳しく指導されたりすれば教師とて気持ちは落ち込む。逆に，ほめられたり，何かで認められたりすれば，教師もうれしいはずだ。以下に，場づくりの技術としてのファシリテーションをごく簡単に紹介し，教師は子どもの力を伸ばすファシリテーターとなること，そして管理職は自校の教師を育て，さらには学校と保護者・地域社会に協働の場をつくるファシリテーターになることとはどういうことなのかについて解説する。

(1) ファシリテーションとは──場づくりの技術

　「ファシリテーション（facilitation）」とは，「促進する，円滑にする」という意味の"facilitate"の名詞形である。これから転じて，人が集う場がうまく活性化するような手だてを行う具体的な技術のことを意味する。また，ファシリテーションを行う人のことを「ファシリテーター」という。

　このときの「場」というものには，さまざまなタイプのものがあるが，例えば，授業，会議，研修などといったものが代表的である。広義の意味では，多くの人が集う学校もまた一つの場であり，「場づくり」の対象となる。このような人が集うさまざまな「場」をいかにして「意味あるもの」にするか，その具体的な手法が，ファシリテーションである（三田地，2013）。

　ファシリテーションを行っていく際には，①準備の段階，②本番の段階，③フォローアップの段階（Justice & Jamieson, 2006）という三つの段階がある。

　例えば，授業を行う際には，事前に授業の準備をして，それから授業本番に臨み，終了後には省察のうえ次の授業改善の手だてを考えるというプロセスとなり，これはいわゆるPDCA（Plan-Do-Check-Act）サイクルと同じともいえる。また，第3章で紹介してきたスクールワイドPBSでは，準備の段階と合意形成の段階が，ファシリテーションの①準備の段階に相当し，実践の段階が②本番の段階に，そしてフォローアップの段階はまさにそのまま③フォローアップの段階に相当する。

　それぞれの段階でファシリテーションを行ううえでの具体的なスキル（技法）がさまざ

まな書籍で紹介されているが，特に三田地（2013）では，必要な場合に行うスキルだけではなく，ファシリテーターが常に心にとめて実践するべき次の五つの点を，ファシリテーターのマインドとして整理している。

①活動・自分自身の言動に根拠をもつ（Why？）
②その場で何が起きているのかをよく観察する（プロセスを見る）
③安心・安全な場を確保する
④中立であること
⑤参加者の力を信じる（参加者にゆだねる）

　この五つのうち，特に①活動や自分自身の言動に明確な根拠をもつこと，また，②その場で何が起きているのかをよく観察すること，③安心・安全な場を確保すること，の三つは学校経営，学級経営においてもそれをつかさどる者にとって重要なマインドである。
　この三つは，第3章で紹介したスクールワイドPBSの各ステップを実際に行うときにも必須のマインドである。なぜ，スクールワイドPBSを行うのか，それは最終的には学校を③安心・安全な場として機能させるためである。また「スクールワイドな指導の基準」の抽出の際には，まず自校の課題や問題をよく観察（②のプロセスを見る）して実態を把握することが前提となる。抽出された「スクールワイドな指導の基準」をほかの教師に提示するときには，それ相応の根拠をもって行う必要がある，というぐあいに一つずつの活動や行動規範となる基準を決めたり，実践したりする際にも，この三つは重要な行動指針となる。
　もし，根拠が明確ではなく，また自校の実態を観察しないままに，単に書籍に書いてあるからとその手続きだけをまねしたら，それがうまくいかなかった場合の手だては打ちにくい。これは，スクールワイドPBSだけにあてはまるのではなく，今後，初等中等教育，さらには高等教育でも導入が推進されているアクティブ・ラーニング型の授業を実施していく際にも同じことがいえるだろう。
　ファシリテーションは，さまざまに紹介されている指導技術を自分の現場で活用するための，基本的なスキル・マインドであるともいえる。

(2) ファシリタティブな学校・学級のイメージ──民主的リーダーシップ

　具体的な場づくりのイメージとして，まず次の三つを紹介する（図6-1）。
　一つは「線路型」といわれるもので，これはあるゴールに向かって参加者（学校であれば，児童生徒）が一糸乱れず進んでいく様子を示したものである。
　もう一つは「放牧型」といわれるもので，ゴールは明確ではないものの，そこの場に参加している人々（児童生徒）はある意味自由に活動しているという状態である。
　最後が「ガードレール型」といわれるもので，これは進もうとしているゴールは明確だが，線路型のように決められたとおりに活動するというのではなく，ある程度の幅をもって参加者が自由闊達に活動している状態を示している。

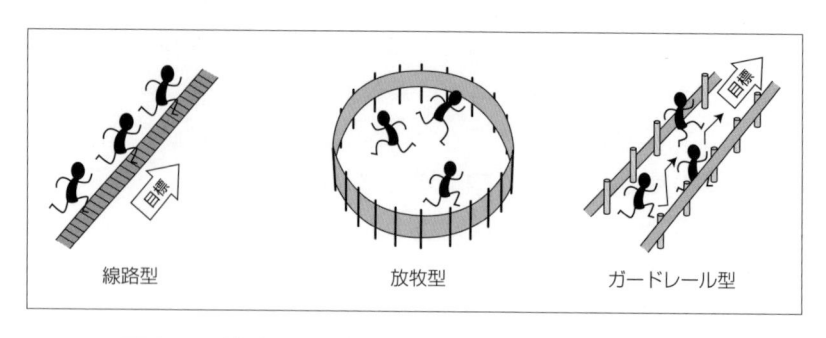

図6-1 線路型，放牧型，ガードレール型の場づくり
（出典：三田地，2013，p. 7）

　実はこれとは別に教師のリーダーシップも三つのタイプに分けられている。それは，「独裁型」，「放任型」，「民主型」（中城，2006）というもので，それぞれが前述した「線路型」，「放牧型」，「ガードレール型」とほぼ対応していると判断できる。「独裁型リーダーシップ」とは，いわゆるトップダウンといわれるような方式で，すべて立場が上の人が決めて下の者はそれを実行するだけ，という状況が生み出されやすい。いっぽう，「放任型リーダーシップ」では，それとは逆にすべてがメンバーに丸投げされ，組織としての方向性の一貫性を担保しづらい状態になる。いわゆる「ぶれている」といわれるような様相を呈するのである。

　「民主型リーダーシップ」では，例えば学校経営であれば，大きな方向性は管理職である校長が，学級経営であれば，同じく担任教師がその方向性を立てておき（つまり，これが「ガードレール」に相当する），その方向性にそったところの範囲で，全教職員，あるいはクラスの児童生徒の想いやアイデアを取り入れていくことが大いに奨励される。広い意味での「ガードレール」，すなわち「ここまでは管理職として（あるいは担任として）許容できる範囲である，そしてここからは許容できない範囲である」という「線引き」＝「ガードレール」は明確にされているという状況である。

　そのガードレールの幅が狭すぎる場合は，その学校，あるいは学級は「線路型」，つまり「独裁的な運営」と受け取られかねない。逆に，ガードレールの幅が広すぎて方向性がよくわからないという場合には「放牧型」，つまり「放任型リーダーシップ」に近いものになるだろう。

　大きな方針は，学校経営では管理職が，学級経営では学級担任が明確に打ち出しておき，そのなかでどれだけその場にいる人が伸び伸びと活発に活動できる場づくりができるか，それが管理職や学級担任に求められているといえる。

(3) スクールワイドPBSの五つの基準は，場づくりにおけるガードレール

　第3章で解説したとおり，今回のスクールワイドPBSでは，まず準備の段階で管理職が五つの基準について明確に自分の考えを整理するところから始まる。これは，とりもな

おさず，その後の学校全体の生徒指導における「ガードレール」づくりをしている段階といえる。この「指導方針＝指導のガードレール」が教師によってバラバラだと，児童生徒は基準の甘いほうに，あるいは自分にとって都合のよい基準の教師のほうに向かって行動する傾向を示すようになり，指導の仕方に統一性が保てなくなる。このような状況が，「指導の不公平感」を児童生徒にもたらしやすいのである。51ページで述べた，「給食準備中に教室の外に出歩く児童生徒への対応の違い」などがその例である。

「基準をつくるなんて面倒くさい」と思われるかもしれないが，実はわれわれの社会もさまざまなルール・基準があるからこそ成り立っていることを思い返してほしい。もしこの世の中に交通ルールがなければ，交通事故はいま以上に頻発することは想像にかたくない。さまざまに設定されている法律も，それが「なぜ存在しているのか」のそもそもの成り立ちを考えてみれば，この社会を安心・安全な場とするための「ガードレール」ともとらえられるだろう。さらに，交通ルールや法律でも重要なことは，ただ単に設定されているだけではなく，それを社会のメンバーが皆で共通理解し，皆がそれに従うという行動規範になっているところである。

同じように，学校という社会においても，例えば本書で提示しているような「五つの基準」をただ管理職がつくっておくだけでは，学校生活を安心・安全な場とするルールとしては機能しない。それをそこにいるメンバー全員で共通認識し，守ることが必須なのである。これが，第3章の合意形成の段階において，まず教職員で共通認識し，第3の実践の段階で，児童生徒，保護者と共通認識するというステップを踏んでいるゆえんである。

合意形成の段階で教職員の意見・アイデアを，実践の段階で児童生徒の意見・アイデアを，なるべく取り込みながら学校全体の基準を整備していくプロセスも，実はファシリテーションでいわれている，参画するとそのプランを実行する度合いが高まり，成果が出やすくなるという方法を応用しているといえる。

以上のように，管理職は広い意味で学校全体をしっかりと支える（ホールドしている

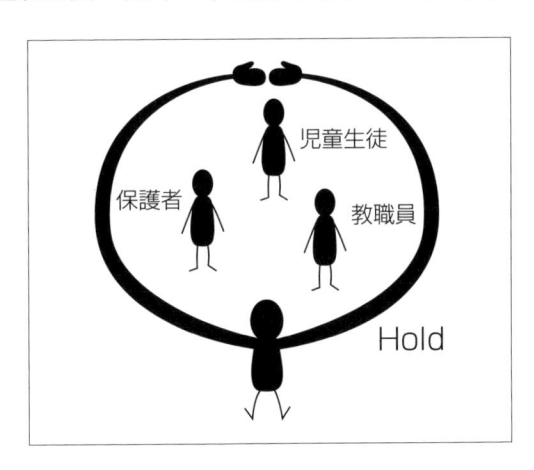

図6-2　学校という場を管理職がホールドしているイメージ

ともいう，図6-2），学級担任はクラス全体を支える（ホールドしている），そのための「ガードレール」があり，そして前述したように，その場の中で「安心・安全が担保され」伸び伸びと活動できる，そういう状態が理想的な学校生活のイメージ像ではないだろうか。

コラム　参加すると成功確率が上がる

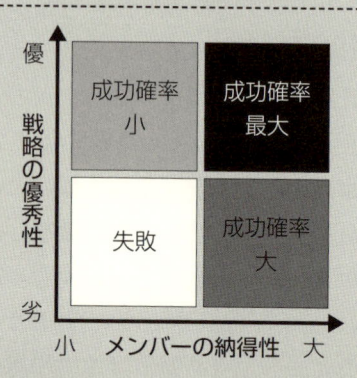

```
優 ┌─────────┬─────────┐
   │ 成功確率 │ 成功確率 │
戦略│   小    │   最大  │
の優├─────────┼─────────┤
秀性│         │ 成功確率│
   │  失敗   │   大    │
劣 └─────────┴─────────┘
    小  メンバーの納得性  大
```

図6-3　ファシリテーションはチームを自立的な成功に導く
出典：堀公俊（2004）．ファシリテーション入門　日経文庫

　図をご覧ください。この図は，ファシリテーションがなぜ必要かというときによく用いられる図です。縦軸はあるプランがいかに優れているか（図中では「戦略の優秀性」）を示し，横軸はそのプランにそれを実行するメンバーがどれだけ納得しているか（図中では「メンバーの納得性」）を示しています。図中の左下の枠「失敗」とは，プランが優れておらず，メンバーもそのプランに納得していない場合，そのプランは失敗する確率が高いということを示しています。その対極である，右上の「成功確率最大」とは，プランが優れており，それにメンバーも納得している場合にはそのプランの成功確率が最大になることを示しています。これはごくあたりまえのことですが，面白いのは，メンバーの納得性が高く，プランの優秀性が低い場合と，その逆でプランの優秀性は高いが，メンバーの納得性が低い場合で，どちらの成功確率が高いかということを示した部分です。メンバーの納得度が高いほうが，メンバーの納得度が低くプランの優秀性が高い場合より，成功確率は高くなることを示しています。

　具体的な例をあげれば，トップダウンで管理職が優れたプランを提示して，あとの教師は，あまりそれに納得はしていないけれども実行するような場合と，皆で話し合って考え出したプラン，つまり皆の納得性が高いがプランとしてはそこそこのものと，どちらのほうが皆のやる気が出るかということです。話し合いに参画するということは，話し合ってよいものを生み出すだけではなく，「参加したプロセス」によって「当事者意識」を高めるという意味合いも強くあるのです。

学校生活も大きな意味での「場づくり」ととらえたときに，管理職は学校全体の，学級担任はクラスのファシリテーターとして，そこで活動している一人一人の力を最大限に引き出すための場づくりを日々しているとも言いかえられる。

(4) 管理職・教師なのか，ファシリテーターなのか？ という問いに対して
——ファシリタティブなリーダーをめざそう！

　教師はファシリテーターであれ，という話をすると，必ずといってよいほど投げかけられるのが，「そうはいっても教師として教えなければならないことはあるのに，いつも児童生徒の意見ばかり聞いてはいられない。どうすればよいのだ？」という質問である。これに対する著者の答えは，「ファシリテーターか，教師か」という二項対立で考えるのではなく，「ファシリタティブな教師であれ！」というものである。同じことは，管理職にもいえる。「ファシリテーターは何でもかんでも参加者の意見を聞いているばかりで，自分の主張がある場合にもそれを我慢するのか？」というのも同じ種類の問いである。管理職として自分の考えを最初に打ち出すことは，もちろん大事である。しかし，その後，本書の第3章でも解説しているように，しっかりと学校の教職員の意見・アイデアを聞く時間をとり，可能なかぎりそれらを取り入れて，方針を変更していくことは十分できるのではないだろうか。

　自分の考えだけで突っ走るのが「独裁型リーダー」（つまりは「線路型」），逆にまったく自分の考えがなくメンバーに丸投げするのが「放任型リーダー」（つまりは「放牧型」）とすれば，自分の方針を明確に（つまりは「ガードレール」を明確に）しておいたうえで，メンバーの意見をしっかり取り入れながら最終的なプランを考えていくのが，「民主型リーダー」，言いかえれば，「ファシリタティブなリーダー」である。

　「独裁型リーダー」のもとでは，統制はとれるかもしれませんが，メンバーは萎縮する。いっぽう，「放任型リーダー」のもとでは，メンバーは自由を謳歌できるかもしれないが，組織としての方向性を見失いがちである。学校が，クラスが，「ある目的をもって，かつメンバーが生き生きと活動しているような場」になっているところには，必ずメンバーの力を引き出すことのできる「ファシリタティブなリーダー」がいるはずである。

　読者の皆様が本書を一つの手引きとされ，いまからファシリタティブなリーダーとしての一歩を踏み出し，それぞれの学校が楽しく，すべての子どもたちにとってほんとうの意味での学びの場として機能するようになることを祈念している。

【文献】
Justice, T. & Jamieson, D. W. (2006). *The Facilitator's Fieldbook*. New York：American Management Association.
三田地真実 (2013). ファシリテーター行動指南書　中野民夫(監)　ナカニシヤ出版
中城進 (2006). 教育心理学　二瓶社

終わりに　「スクールワイドPBS」の哲学の広がりを祈って

　本書が生み出されるまでには，いろいろなプロセスがありました。その一部は本文でもふれていますが，最後にこの経過を少しご紹介させていただきたいと思います。

　著者の一人である石黒氏は，平成18年ごろ，従来の生徒指導に加えて構成的グループエンカウンターなどの手法を駆使した生徒指導を実践していました。しかし，どうしても従来型の指導や日本で学んだ方法では太刀打ちできない学校経営に直面していたときに，この「スクールワイドPBS」の考え方と方法に出会ったのです。「わらをもすがる思い」とはまさにこういうことかと思いますが，「これでいくしかない」，そういう覚悟でアメリカのスクールワイドPBSを取り入れたのです。

　石黒氏なりに日本の現場に合う形で，また現場教師に抵抗感を抱かせない形で導入できないかと，工夫に工夫を重ねた実践をされました。その実践例が第4章で報告されている事例です。この実践の際には，法政大学教授の島宗理先生の多大なるご指導があったとうかがっております。あらためて心より感謝申し上げます。

　もう一人の著者である三田地は，石黒氏の実践例を文献で知り，日本においてスクールワイドPBSの哲学を校長の立場で具現化された，おそらく初の事例ではないかと大変驚きました。その優れた実践を，生徒指導で困っている学校の教職員，特に管理職と共有できないかと思案し，図書文化の東様のご理解を得て，晴れて皆様のお手元に届けられることとなりました。何度もの原稿のやりとりにも，いつも「ポジティブ行動支援」でおこたえくださいました東様にも，この場を借りてお礼申し上げます。

　どこまでがスクールワイドPBSといえるのか，これはまだ議論が残るところです。このことは両著者も承知しており，実際本書のタイトルに「スクールワイドPBS」を使うかどうかも最後の最後まで悩みました。幸い，オレゴン大学のホーナー教授に使用をご快諾いただき，その哲学を「スクールワイドPBS」という言葉にのせて日本の皆様にもお届けできることを，大変うれしく思っています。今回は，そういう「研究」上の議論とは別に，著者たちの心の底には，日々生徒指導で悪戦苦闘している学校現場に，少しでも早く「実際に役立つ生徒指導の指南書」を届けたいという思いがあって，本書の出版に踏み切ったという経緯があります。「生徒のできている面に目を向ける」，そのパラダイムシフトはまさに「スクールワイドPBS」が最も訴えようとしていた根幹であり，この哲学については本書全編に貫かれていると確信しております。

　今後，さらに研究としてのスクールワイドPBSについては，読者の皆様とさまざまな場での対話ができればと思います。どうぞきたんのないご意見をいただければ幸いです。

　本書が読者の皆様それぞれの現場で，スクールワイドPBSの哲学を具現化する有用なガイドとなり，皆様の学校が一日も早く楽しくポジティブな環境になることを願ってやみません。

　2015年6月

三田地　真実

■ 著者紹介

石黒　康夫（いしぐろ　やすお）

逗子市教育委員会教育部長。1958年東京生まれ。博士（教育学）。上級教育カウンセラー，ガイダンスカウンセラー。東京理科大学卒業，明星大学後期博士課程修了。東京都公立学校の教諭・教頭・校長を経て現職。著書に『学校秩序回復のための生徒指導体制モデル』（風間書房），共編に『エンカウンターで進路指導が変わる』（図書文化），『困難を乗り越える学校』（図書文化），『教師のコミュニケーション事典』（図書文化），分担執筆に『エンカウンターで学級が変わる　中学校編　PART3』（図書文化），『教育カウンセラー標準テキスト』（日本教育カウンセラー協会編，図書文化），『ガイダンスカウンセラー実践事例集』（スクールカウンセリング推進協議会編著，学事出版）等。

三田地　真実（みたち　まみ）

星槎大学共生科学部・大学院教育学研究科教授。米国オレゴン大学教育学部博士課程修了。教育学博士。埼玉医科大学言語聴覚士，教育ファシリテーション・オフィス代表を経て現職。おもな著書に『ファシリテーター行動指南書——意味ある場づくりのために』（ナカニシヤ出版），『子育てに活かすABAハンドブック——応用行動分析学の基礎からサポート・ネットワークづくりまで』（日本文化科学社），『特別支援教育　連携づくりファシリテーション』（金子書房），分担執筆に『共生への学び』（ダイヤモンド社），訳書に『スクールワイドPBS——学校全体で取り組むポジティブな行動支援』（二瓶社），監訳書に『子育ての問題をPBSで解決しよう！』（金剛出版）等。

参画型マネジメントで生徒指導が変わる
―「スクールワイドPBS」導入ガイド16のステップ―

2015年10月1日　初版第1刷発行　[検印省略]

著　者	ⓒ石黒　康夫・三田地　真実
発行人	福富　泉
発行所	株式会社 図書文化社
	〒112-0012　東京都文京区大塚1-4-15
	Tel. 03-3943-2511　Fax. 03-3943-2519
	振替　00160-7-67697
	http://www.toshobunka.co.jp/
組　版	株式会社 Sun Fuerza
印刷所	株式会社 加藤文明社
製本所	株式会社 加藤文明社
イラスト	岡本　典子
装　幀	こだいらしょうこ（Office Frogs）

乱丁・落丁本の場合はお取り替えいたします。
定価はカバーに表示してあります。
ISBN 978-4-8100-5662-4　C3037

JCOPY〈(社)出版者著作権管理機構 委託出版物〉
本書の無断複写は著作権法上での例外を除き禁じられています。複写される場合は，そのつど事前に，(社)出版者著作権管理機構（電話 03-3513-6969，FAX 03-3513-6979, e-mail: info@jcopy.or.jp）の許諾を得てください。